INVENTAIRE
V.35040

NOTICE HISTORIQUE

SUR LES COMPAGNIES

D'ARCHERS ET D'ARBALÉTRIERS

DE LA VILLE DE ROYE,

Par M. Émile COET,

Membre titulaire non résidant de la Société des Antiquaires de Picardie.

> « Il salue en pleurant leurs débris abattus,
> « Car il aime à chanter les monuments qui tombe
> « Et les héros qui ne sont plus ! »
>
> A. BIGNAN. *Les ruines de la France.*

AMIENS,
LEMER Aîné, Imprimeur-Libraire, place Périgord, 3.

—

1865.

NOTICE HISTORIQUE

SUR LES COMPAGNIES

D'ARCHERS ET D'ARBALÉTRIERS

DE LA VILLE DE ROYE,

Par M. Émile COET,

Membre titulaire non résidant de la Société des Antiquaires de Picardie.

> « Il salue en pleurant leurs débris abattus,
> » Car il aime à chanter les monuments qui tombent
> » Et les héros qui ne sont plus ! »
>
> A. BIGNAN. *Les ruines de la France.*

AMIENS,

LEMER AÎNÉ, Imprimeur-Libraire, place Périgord, 9.

1865.

(Extrait du tome XX des Mémoires de la Société des Antiquaires de Picardie.)

NOTICE

SUR LES

COMPAGNIES D'ARCHERS ET D'ARBALÉTRIERS

DE LA VILLE DE ROYE.

La compagnie d'archers et d'arbalétriers de la ville de Roye a une origine commune à toutes les compagnies de ce genre.

Le premier fait historique qui nous soit connu et qui se rattache aux archers de cette ville, date du règne de Louis-le-Gros.

Ce Prince, voulant se venger des Anglais qui venaient de le défaire dans la plaine de Brenneville, lève dans les villes de Noyon, Péronne, Nesle et Roye, des troupes avec lesquelles il assiége en vain Breteuil. Pour satisfaire sa vengeance, Louis se jette sur les états du comte de Champagne et vient assiéger Chartres qu'il aurait brûlé, sans le respect qu'il eut pour la chemise de la

Sainte-Vierge, avec laquelle le clergé et les habitants vinrent le supplier d'épargner leur ville.

Roye fournit à l'armée de ce Prince quinze cents archers.

Ce nombre, qui paraît énorme relativement à la population actuelle, prouve que la ville était alors beaucoup plus importante; il est vrai qu'à cette époque tout homme valide devait le service au Roi ; cependant il fallait que la cité fût populeuse pour fournir ce contingent armé.

En effet, Roye, antique bourgade gauloise, a pris un grand développement au moyen-âge ; le pont jeté sur l'Avre auquel la ville doit son existence et son nom, était devenu un lieu de péage important. Renfermée plus tard dans l'enceinte fortifiée élevée par Philippe-Auguste, elle devait s'étendre alors, à l'est, jusqu'à *Rhodium* (Roye-église), et au sud, jusqu'à *Villers-lès-Roye* (villa), le long de la vallée.

Sur le chemin qui conduit de Roye à ce village, on rencontre des traces nombreuses de constructions. C'est sur cette route encore que l'on voit un camp romain, dit le *Vieux-Catil ;* Piganiol de la Force pense que la ville de Roye prit naissance sur l'emplacement de ce camp ; il nous paraît plus probable qu'une partie de la ville s'étendait jusques-là.

La Compagnie des Archers de Roye reconnaissait la suprématie de l'abbé de Saint-Médard de Soissons ; aussi voit-on nos archers combattre sous ses ordres à Bouvines (1214) dans les rangs de l'armée de Philippe-Auguste, Barthélemy de Roye portait une bannière ; on sait que dans cette bataille le seigneur de Roye sauva la vie au roi de France.

En 1253, sous le règne de saint Louis, Roye fournit trois cents sergents à pied, pour la semonce à Issoudun.

L'arbalète qui lançait à de grandes distances de fortes flèches ou de grosses balles, remplaça bientôt l'arc. Chaque ville fortifiée était tenue d'avoir des arbalètes et des maîtres arbalétriers chargés de la fabrication de ces armes et de leur entretien.

En 1346, Mathieu II de Roye fut nommé grand-maître des arbalétriers de France.

Nos arbalétriers, sous la conduite du seigneur de Roye, vont au siége devant Guise, en 1422.

Les archers et les arbalétriers disparurent de nos armées lorsqu'on eut adopté l'arquebuse. Mais on organisa dans beaucoup de villes des compagnies d'archers et d'arbalétriers qui continuèrent à exercer leur adresse, et qui, dans un moment donné, pouvaient encore être d'un grand secours comme milice armée. Ainsi en 1472, lorsque Charles-le-Téméraire, duc de Bourgogne, après avoir pris et brûlé Nesle, vint mettre le siége devant Roye, les habitants, les gens de guerre et les arbalétriers voulurent d'abord résister, mais ils capitulèrent bientôt à condition « de leurs corps et biens sauves, et que les archers qui » étoient dans la ville en sortiroient à pied, en pourpoint » blanc et tenant à la main un baston blanc » en signe de leur défaite.

En 1557, Gaspard de Coligny, gouverneur de la Picardie, fait appel aux gens armés de notre ville, pour courir à Saint-Quentin qu'assiégeait l'armée Espagnole sous les ordres du duc de Savoie (1).

Pendant les siéges de 1636 et de 1653, les arbalétriers joints à la milice bourgeoise, contribuent à la défense de la ville.

Enfin, dans une émeute qui eut lieu à Roye en 1775 à l'occasion de la cherté des grains, nous voyons nos archers, en uniforme rouge, l'épée au côté, le fusil sur l'épaule, venir prêter leur appui à l'autorité locale.

Bien que nous ne sachions rien de particulier sur l'époque de l'établissement de notre compagnie d'arbalétriers, nous possédons des titres par lesquels on voit qu'elle existait bien avant 1580. Elle avait dès l'origine un caractère tout militaire ; son but, selon la volonté de Louis XI et de ses successeurs, était « de se perfection-
» ner dans le fait d'armes et de courir aux dangers
» pressants. »

Ce ne fut guère qu'après les derniers siéges de Roye que notre compagnie perdit tout caractère guerrier; déjà cependant, en 1580, les archers de Saint-Gilles, faubourg de Roye, ne sont institués que pour l'honneur de saint Sébastien, et pour ajouter par leur présence à l'éclat du culte ; mais ce ne fut réellement que lors du rétablissement de la confrérie des archers en 1717, que cette compagnie mit de côté toute prétention belliqueuse, pour ne s'occuper que d'exercices et de divertissements.

L'élite de la noblesse et de la bourgeoisie figurait dans

(1) Jean de Cricque composa en l'honneur de nos arbalétriers un quatrain où il célèbre leurs exploits, leur valeur et leur adresse.

nos compagnies. Nous voyons, en 1717, le marquis de Surville accepter la place de capitaine, puis les d'Hocquincourt et les de Soyecourt occuper successivement les grades de capitaine et de colonel.

Connétablie d'Archers et d'Arbalétriers de la ville de Roye.

L'ancienne Compagnie d'Archers et d'Arbalétriers s'exerçait au noble jeu de l'arc ou de l'arbalète dans un jardin qui était situé sur le rempart du nord, comprenant le terrain qui forma en 1780 la terrasse des religieuses Annonciades, aboutissant du levant et au nord à la rue dite des *Arbalétriers* (aujourd'hui des Sœurs de la Croix), et de cette rue, aux remparts.

La Compagnie des arbalétriers avait des biens ; elle possédait certains priviléges et élisait un Roi : près du jardin de l'arbalète, et tenant à un cours d'eau, la Compagnie possédait naguère une prairie plantée d'arbres qu'elle vendit le 15 mai 1583 au sieur Jobart, moyennant cinquante écus d'or sols de surcens, payables à toujours, par chacun an, au jour de l'Ascension.

Par l'acte de vente, l'acheteur fut chargé de donner *un bouquet de fleurs*, que le jardin était tenu de livrer tous les ans au roi des archers.

Le jardin des arbalétriers ayant été détruit et *défermé* vers l'an 1557, par suite de dévastations commises vers cette époque par les Espagnols, la Connétablie réunie en assemblée, le 17 mars 1585, résolut de vendre une partie de son jardin situé le long de la Plate-forme de l'Eperon-royal, afin d'en consacrer l'argent à l'achat de briques et d'autres matériaux pour fermer et pour faire construire des gardes et des buttes dans l'autre portion du terrain ; le jardin devait être alors moins grand, mais beaucoup plus *gay*. La Compagnie était nombreuse alors, si l'on en juge par les membres présents à cette délibération. L'acte résolu est empreint d'un certain caractère de solennité ; les chevaliers ont des titres qui les désignent comme devant être alors les citoyens les plus considérables de la ville. Nous voyons figurer à cette assemblée réunie en corps au jardin de la Connétablie : *Aaron du Frief*, praticien, roi de la Connétablie des arbalétriers de cette ville, *M⁰ Antoine Hannique*, licencié-ès-lois, seigneur de Rouaille, connétable, conseiller du Roi notre sire, son avocat et procureur du Roi au dit Roye ; *M⁰ François Aubé*, grènetier, prévôt d'icelle connétablie ; *M⁰ Pierre Dupré*, licencié-ès-loi, prévôt forain de Roye ; *François Le Duc*, procureur et notaire ; *Adrien Bellot*, grènetier ; *Guyon Presto*, garde du scel royal ; *M⁰ Jean Leroy*, chanoine de l'église Saint-Florent ; *Jean Liégault* et *M⁰ Florent Bourbier*, demeurant à Paris, tous confrères de cette connétablie. Le chanoine de Saint-Florent que nous voyons ici, en était sans doute l'aumônier.

Un compte rendu du 6 juin 1610 par Louis Prévot, notaire royal et procureur à Roye, en qualité de prévôt de la compagnie de l'arbalète, qui ne faisait plus à cette époque qu'un seul et même corps avec celle de l'arc, fait mention d'une *vire émayée et non atteintée*, à prendre sur une maison appartenant à la veuve Devaux, située rue des arbalétriers.

— 9 —

Plus tard, en 1629 (1), les arbalétriers cédèrent aux religieuses Annonciades leur jardin situé rue des Arbalétriers, tenant de deux parts au couvent de ces religieuses, et de l'autre aux remparts, en échange d'un terrain que Florent Bellot, représentant la communauté, devait leur céder à droite de la rue, *proche l'alloir du rempart,* et s'étendant jusqu'à la grange de la maison où pendait pour enseigne : La Licorne. Les religieuses devaient faire entourer ce terrain de murailles de la hauteur de six à sept pieds hors de terre, et établir six gardes en briques; elles devaient en outre payer aux arbalétriers par chacun an, le jour de Quasimodo, quarante-huit sols de cens foncier, et par chacun an, au jour du Saint-Sacrement, une *vire émayée et non atteintée.* Pareille charge était due par la maison même du sieur Bellot, dont l'acquéreur devait payer au roi des arbalétriers, le jour du Saint-Sacrement, au sortir de Saint-Florent (église), une *vire émayée et non atteintée.*

Par suite des siéges de 1636 et de 1653, le jardin ne fut pas arrangé, la Compagnie fut en partie dissoute, la plupart des chevaliers étant morts ; le jardin fut délaissé, les arbalétriers existants donnèrent le terrain à loyer pour un bail de trois ans (1655), puis l'abandonnèrent jusqu'en 1680. A cette époque, il fut réclamé par Nicolas

---

(1) Ici est une preuve de la convoitise des associations religieuses, qui cherchaient à s'approprier pour leur convenance les terrains occupés par les corporations civiles, empiétements signalés à plusieurs reprises par M. Auguste Janvier dans sa *Notice sur la corporation d'archers et d'arbalétriers d'Amiens.*

Decaisne, marchand drapier, et par Jacques Morlet, maitre-apoticaire, tous deux anciens chevaliers arbalétriers ; ils s'engagèrent alors à remettre le jardin en état, et obtinrent du bailliage de Roye l'autorisation de s'assembler et de composer une compagnie d'arbalétriers telle qu'elle existait autrefois.

Les statuts de la nouvelle compagnie, en date du 9 juillet 1683, signés de Soucanye, Hannique et Turpin, portent à vingt-deux livres le droit d'entrée dans la confrérie ; le 16 juillet, les chevaliers réunis achètent la grange au bout de leur jardin, afin de lui donner une longueur convenable pour le tir de l'arc.

La compagnie à peine rétablie, la défection se met dans ses rangs. Ch. Billiard, chanoine de Saint-Florent, fait signifier par huissier, le 27 juillet 1683, qu'il n'entend plus faire partie de la compagnie.

Le terrain du jardin qui était resté vacant et abandonné pendant près de quarante ans, fut revendiqué par un voisin qui avait été obligé de faire des réparations au mur mitoyen, et qui, comme indemnité, demandait la cession du jardin ; mais ce système ne prévalut pas entièrement.

Seulement, sur l'avis du Maire et des Echevins, les chevaliers arbalétriers, à cause des réparations qu'il y avait à faire, abandonnèrent ce jardin au voisin Devaux, qui fut condamné par sentence du bailliage et prévôté de Roye à payer aux chevaliers la somme de quarante-cinq livres, pour trente années d'une *vire émayée et non atteintée* dues au jour du Saint-Sacrement de 1689.

La compagnie des archers-arbalétriers demeurant alors

sans jardin, le Mayeur et les Echevins leur cédèrent, le 15 septembre 1686, un fossé attenant à la Porte-Paris et une tour tenant à la muraille, pour s'y livrer à leurs exercices.

Le 30 avril 1687, la Compagnie se constitue définitivement, nomme ses officiers, et règle le rang des chevaliers qui la composent ; le prévot Longuet rend compte des recettes et des dépenses, puis les chevaliers obtiennent une sentence du bailliage homologuant leur rétablissement, laquelle leur permet de s'assembler et de réunir les compagnies des villes voisines.

Déjà, en 1686, la municipalité avait offert à la Compagnie un prix de quinze livres.

Mais ce ne fut qu'en 1712 qu'ils donnèrent signe de vie ; un registre aux délibérations porte cette date et cette suscription : « Registre de la Confrairie de Saint-Sébas-
» tien du noble jeu de l'arq estably en la ville de Roye,
» commencé au lendemain de Saint-Sébastien 1712 (1). »

C'est vers 1610 que les arbalétriers de la ville et du faubourg St.-Médard de Thoule se réunirent à la compagnie de l'arc de la confrérie de St.-Sébastien du faubourg Saint-Gilles de Roye, et prirent le nom de : *Connétablie d'archers et d'arbalétriers de la ville de Roye.*

Nous donnons ci-après les lettres d'établissement de la Confrérie de St.-Sébastien de St.-Gilles et les statuts de cette Compagnie.

---

(1) Ce registre, déposé aux Archives de la ville en 1810 contient 305 feuillets cotés, dont 261 sont remplis. Voir aux pièces justificatives.

Etablissement et statuts de la Confrérie de Saint-Sébastien en l'Eglise de St.-Gilles, faubourg de la ville de Roye (1).

19 avril 1580.

A tous ceux qui ces présentes lettres verront, Gabriel Cornet, licencié-ès-lois, conseiller du Roi notre sire, lieutenant civil et criminel au gouvernement de Roye, sçavoir faisons que veu la requête à nous présentée par les curé et paroissiens de l'église Saint-Gilles, faubourg de cette ville, le vingt février dernier passé, signée desdits curé et marguillers et plusieurs autres paroissiens soussignés et dénommés en ladite requête demandeurs sur l'entérinement d'icelle, contre le procureur du Roi notre sire en ce gouvernement appelé sur ladite requête, par laquelle lesdits demandeurs auraient dit et remontré que pour l'augmentation de la gloire, honneur et service de Dieu, ils auraient obtenu permission de Messieurs les Doyen, Chanoines et Chapitre de l'Eglise M. Saint-Florent de cette ville de Roye, comme à eux appartenant de tout temps et ancienneté, comme ils disent, la juridiction spirituelle en cette ville et étendue de ladite paroisse de Saint-Gilles, et confirmation desdits Doyen, Chanoines et Chapitre d'établir en ladite église Saint-Gilles et ériger une confrérie en l'honneur de Dieu et de M. saint Sébastien, faisant ce, il leur fût par nous permis, suivant le consentement desdits sieurs Doyen, Chanoines et Chapitre, et des chevaliers et

(1) Manuscrits de Corselles à la bibliothèque de la Ville.

confrères de la Confrérie de Soissons de jouir et exercer ladite Confrérie, en tous les actes temporels concernant icelle et qu'ils puissent librement eux assembler ès jours de Patron et Ascension, et avoir lieu pour l'exercice d'icelle Confrérie à tirer de l'arc et y garder les ordonnances pour ce requises et accoutumées, et par spécial que ladite Confrérie assemblée soit préférée après telles autres de cette ville, à toutes processions solennelles et assemblées qui se font en cette ville, comme étant leur Confrérie du corps et paroisse de ladite église Saint-Florent, souverain patron de la Ville.

Considéré et attendu même que l'octroi et permission émanée de ladite Connétablie de Soissons était précédente en date tous autres, et ce pour éviter les différents qui se pourraient mouvoir entre ceux desdites confréries aux assemblées et processions qui se pourront faire cy après, ce qu'il fut par nous ordonné aux charges et conditions des susdites, lesdites permissions à eux concédées fussent vérifiées et enregistrées au greffe de ce gouvernement et les ordonnances accoutumées, par nous autorisées et approuvées et sous l'autorité du Roi, ils fussent conservés et maintenus en la jouissance et l'exercice de la dite confrérie, et en tous les actes à ce requis et accoutumés, ladite requête communiquée au procureur du Roi en ce gouvernement qui avait eu communication de ladite requête, permission et concession faites auxdits suppléants par lesdits Doyen, Chanoines et Chapitre de l'église M. Saint-Florent de Roye, aurait demandé qu'il n'y eut oncques en cette ville de Roye, qu'une Confrérie d'archers en laquelle les habitants tant de cette ville que faubourgs avaient été admis, toutefois pour le grand nombre desdites confréries, s'en était puis naguère érigée une autre en l'église Saint-Médard faubourg de cette ville, ce néanmoins en l'honneur de Dieu et de saint Sébastien et afin que lesdits demandeurs eussent moyen de s'exercer au jeu de l'arc en un jardin séparé, qu'il consentait l'établissement et érection de ladite Confrérie en ladite église Saint-Gilles, pour en jouir par eux aux honneurs et prérogatives y annexées ; à la charge que les confrères seront tenus eux trouver aux processions générales avec leurs guidon et enseigne selon que les autres confrères ont accoutumé faire, selon l'ordre de leur érection et institution, de ne faire aucune assemblée et monopole au préjudice des édits du roi et de la justice, et sans qu'ils puissent prétendre aucune juridiction ni connaissance les uns sur les autres, ni procès, contradictions, et apporter au greffe de ce gouvernement lesdites ordonnances desquelles ils entendent user en ladite Confrérie, pour sur la communication qui lui en sera faite, les autoriser si elles sont raisonnables, le tout sans approuver la *supériorité prétendue des Archers de Soissons*, vu lequel consentement rendu par ledit procureur du roi, le 27 février dernier passé sous sa signature avec certain acte signé : **Pinarde**, greffier, et *Nicolas Lefèvre*, en date du 7 avril 1579, portant permission faite par lesdits chevaliers et confrères de la Connétablie fondée en ladite ville de Soissons, à ce qu'il fut érigé et institué une confrérie en ladite église Saint-Gilles en l'honneur et invocation de M. saint Sébastien sous les charges bien fidèlement et sincèrement garder les ordonnances de ladite Confrérie, qu'on avait de tout temps gardé en ladite Connétablie de Soissons, et reconnaître ladite Confrérie comme première et souveraine de tous ses confrères des pays de Soissonnais, Picardie et des environs, ès choses dépendantes de la Confrérie, comme ils disent, de tous tenus avoir joui et usé, et laquelle permission ils auraient octroyé aux supplians, sous toutefois le bon plaisir de l'Evèque d'Amiens leur pasteur et prélat et sauf tous droits, et vu aussi les lettres émanées et données par lesdits sieurs Doyen, Chanoines et Chapitre, comme disant à eux appartenant la juridiction spirituelle en cette ville de Roye, limites et étendue de leur juridiction, en laquelle est ladite église de Saint-Gilles, faubourg de ladite ville, et conséquemment la connaissance de bailler l'établissement de ladite Confrérie, et non audit seigneur évèque d'Amiens, lequel ils disaient n'avoir aucune juridiction sur eux, auraient d'un mutuel consentement permis auxdits suppléants d'ériger en l'église Saint-Gilles ladite confrérie Saint-Sébastien, à la charge de garder et d'observer les ordonnances, de ne jouer pendant le saint service divin, sous les peines de droit; et *vu* tout ce qui a été mis devers nous, le tout considéré, pris sur ce conseil et avis avec sages, nous, ayant aucunement égard au propos et consentement du procureur du Roi, par lui rendu le 27 février sous sa signature, et à la concession et permission faite auxdits suppléants par les sieurs Doyen, Chanoines et Chapitre de l'église Saint-Florent, avons dit, en faisant droit sur la requête desdits suppléants, sans aucunement approuver *la supériorité prétendue* par les chevaliers de la Confrérie et Connétablie de saint Sébastien fondée et instituée en ladite ville de Soissons, par leur dit acte de permission baillé le 27 avril 1579 auxdits suppléants, et qu'ils eussent aucun commendement ou souveraineté sur les archers et confrères de cette ville, ne nous étant aucunement apparu dudit privilége supériorité et prééminence prétendu par eux, qu'il sera, et de fait avons permis et permettons auxdits suppliants de jouir de ladite Confrérie, eux et leurs successeurs, du jour de la concession et permission à eux faites, et à l'avenir et à eux permis en ladite église et paroisse Saint-Gilles en l'honneur de Dieu et M. saint Sébastien, et de faire en icelle église le saint service divin et en tous autres lieux qu'il appartiendra, tous actes qu'y ont accoutumé faire les anciens connétables et archers de la ville de Roye, de tous tems, et par eux jouir et leurs successeurs de ladite Confrérie et Connétablie aux droits, honneurs, prérogatives y accoutumées, ainsi que ont fait les anciens connétables et archers de cette ville, et à la charge qu'ils ne pourront faire aucune assemblée, monopole ni fraude au préjudice de l'honneur de Dieu, des édits du Roi et de la justice, et qu'ils ne pourront entreprendre aucune connaissance les uns sur les autres, sinon et aussi avant que ont accoutumé de tout temps lesdits connétables et archers de cette ville, et aussi à la charge que les connétables et archers de ladite Confrérie établie en l'église Saint-Gilles seront tenus eux trouver, selon les anciennes coutumes, en toutes les processions générales qui se feront en ladite ville, eux, leurs guidon et enseigne à la décoration de l'honneur de Dieu avec les autres connétables archers de cette ville en leur ordre, et selon que ledit

ordre leur sera baillé cy-après, et que à ce ils seront
tenus eux se soumettre ; et encore aussi qu'ils seront
tenus de remettre au greffe de ce gouvernement les ordonnances si aucunes ils ont, dont ils veulent s'aider,
pour icelles voir et communiquer au procureur du Roi,
les autoriser, si elles sont raisonnables et ne contre-
viennent à l'honneur de Dieu, des édits du Roi et de sa
justice, et au détriment du public, et desquelles ordonnances qui seront par nous autorisées, lesdits suppliants
seront tenus de laisser copie au greffe pour y avoir
recours cy-après, en payant par lesdits demandeurs
vingt sols parisis à la chapelle de Saint-Louis fondée en
l'église Saint-Pierre de Roye, et pour le surplus de leur
dite requête, touchant la préférence par eux requise
esdites assemblées et processions solennelles qui se font en
cette ville, à tous autres confrères qui pourront se trouver esdites processions, après celle de cette ville de Roye,
comme disant ladite Confrérie être du corps de l'église
Saint-Florent de Roye. Ordonnons avant faire droit qu'à
la requête et diligence des suppliants, les autres connétables archers et confrères établis en cette ville et faubourg seront appelés pour être ouïs, et iceux ouïs leur
être par nous donné le lieu et l'ordre qu'ils devront tenir
esdites processions et assemblées, tel qu'il se trouvera
être à faire par raison, sans qu'ils puissent entreprendre
aucune chose l'un sur l'autre et qu'il puisse avenir aucun
trouble et monopole esdite processions, par notre sentence pour droit, en témoin de quoi nous avons fait scel-
ler ces présentes du scel royal aux sentences de ce
gouvernement et fait signer Guyon Presto, notre greffier

garde dudit scel, qui fut fait et prononcé en jugement en l'auditoire du Roi notre sire audit Roye par nous juge dessus dénommé, le mardi 19 avril 1580. Signé *Presto* avec paraphe sur l'expédition en parchemin qui est aux Trésors et Archives du Chapitre de Saint-Florent de Roye.

STATUTS (1).

(1589)

Au nom de Dieu, de la Vierge Marie et de M. saint Sébastien, nous frères et compagnons avons ce jourd'hui.... 1589, fait une Confrérie du jeu de l'arc en l'honneur de saint Sébastien au faubourg de St.-Gilles de la ville de Roye selon qu'il s'ensuit :

1° C'est à sçavoir que tous ceux qui se mettront de ladite confrérie seront tenus de faire juste et léal serment de tenir et entretenir ladite Confrérie, ordonnances d'icelle selon qu'il sera dit ci-après, de payer et de contribuer à tous dépens et frais pour l'entretenement de ladite confrérie.

2° Seront tenus tous lesdits confrères de eux trouver et comparoir aux messes et vêpres qui se diront et solenniseront par chacun le jour de saint Sébastien et le dit jour pour faire fête solennelle.

3° Ceux qui voudront eux mettre de ladite confrérie seront tenus de payer pour entrer à chacun 15 s. tour-

(1) Ces statuts, rédigés sur parchemin, porteraient la date de 1590, suivant l'inventaire des pièces de la Compagnie inscrit sur le registre aux délibérations de 1712.

nois et 30 s. pour effets, et quant à la bienvenue chacun à sa discrétion.

4° Et avenant que aucuns des confrères se mariassent, seront iceux tenus de donner et livrer à chacun desdits confrères une *flèche* bonne et valable en estimation de deux sols six deniers.

5° Et seront en réciproque chacun desdits confrères tenus payer à chacun desdits confrères qui se marieront, pour étrennes, la somme de douze deniers au jour de leur mariage.

6° Item lesdits confrères mariants seront tenus au jour de leur dit mariage, donner, fournir et livrer à leurs autres confrères dudit jardin un plat de viande bien fourni avec sept lots de vin, mesure de Roye.

7° Aussi seront tenus lesdits confrères et archers aller trouver lesdits confrères mariants en leur logis, étant en bon ordre, avec les étendards, le tambour sonnant, en avertissant toutefois par lesdits mariants le jour de leurs épousailles huit jours devant.

8° Et s'il avenait que lesdits confrères mariants s'alliassent par mariage hors de la ville et faubourgs, et plus loin d'une lieue, en ce cas ne seront tenus lesdits confrères du jardin y aller.

9° Seront tenus aussi tous lesdits confrères de aider et secourir l'un l'autre, si aucuns autres les vouloient outrager et molester, en gardant son droit et en son corps défendant.

10° Item le Chapelain de la Confrérie aura pour chacune messe qu'il chantera et dira solennellement, aux jours de saint Sébastien et premier jour de mai, la somme de douze sols tournois, et le clerc quatre sols.

11° Davantage avenant qu'aucun desdits confrères aille de vie à trépas, les autres confrères seront tenus porter ou faire porter le corps mort en terre et icelui accompagner, pourvu toutefois qu'il n'y ait aucun danger.

12° Auquel confrère décédé seront tenus les autres confrères lui faire dire un service. C'est à sçavoir une messe solennelle des trépassés du tout à leur coût et depens, pour lequel service le Chapelain de ladite Confrérie aura la somme de dix sols et le clerc quatre sols, excepté toutefois que le décédé ou ses héritiers payeront pour son issüe demi-livre de cire.

13° Et si appartiendra aux confrères dudit jardin tant les arcs du décédé que les traits, carquois, brasselets que autres qui en dépendent.

14° Item est ordonné que toutes et quantes fois qu'il se présentera quelques archers du dehors, de quelque Connétablie que ce soit, pour sommer les confrères de tirer du jeu d'arc, et entretenir leur serment qu'ils prêtent pour le jeu, se prendront six desdits confrères qui seront choisis par le Connétable en son conseil, lesquels joueront et garderont le droit allencontre de ceux qui se présenteront comme dit est, ce pourquoi faire sera tenu le prevost avancer cinq sols tournois lesquels lui seront rendus au jour des comptes.

15° Et si pareillement lesdits confrères vont hors de leur jardin, selon qu'ils seront choisis par ledit Connétable, prevost et leur conseil, en autre jardin pour semblablement sommer les confrères dudit jardin de tirer dudit jeu de l'arc, se prendra aussi pareille somme de cinq sols pour leur dépense, qui seront rendus au jour dudit compte.

16° Item, s'élira par chacun an un prevost en ladite confrérie, par le Connétable et ses confrères, avec des hommes jugeant, et ce pour recueillir les deniers de ladite Confrérie, et iceux employer où il sera de besoin et nécessaire tant à la confection dudit jardin que autrement, à la charge toutefois d'en rendre bon compte au bout de l'année tant à ladite Connétablie et confrères que ceux qui seront députés pour ce fait.

17° Et si aucuns desdits confrères semblaient être grevés des mises et charges de ladite Confrérie, et ne les accomplissent volontairement, se pourra demettre d'icelle Confrérie, payant toutefois au préalable la somme de 30 sols.

18° Si est à noter que toutes et quantes fois que lesdits confrères et archers se trouveront aux buttes et berceaux pour jouer de l'arc, ceux qui auront commencé la première partie la parachèveront et jusques à quatre parties, si bon leur semble, sans que nul ne leur baille ou puisse bailler aucun empêchement, en peine de demi-livre de cire d'amende, à prendre sur celui ou ceux qui feront le trouble ; après les quatre parties finies, autres archers pourront tirer quatre autres parties aussi sans aucun trouble et empêchement, en peine de punition, pourvu toutefois qu'ils soient au nombre de six archers au moins.

19° Est défendu à tous confrères et autres tels qu'ils soient et qui se trouveront au jardin et buttes, de dire ni proférer paroles vilaines et deshonnêtes en peine de six deniers d'amende.

20° Nul ne pourra jurer ni blasphêmer le nom de Dieu, de ses saints et saintes sous même peine que dessus.

21° Comme aussi nul ne doit invoquer ni nommer les diables sous la même amende de six deniers.

22° Ne doit aussi personne quelconque démentir, ni injurier son compagnon et prochain sur même peine.

23° Celui qui contreviendra aux ordonnances et défenses ci-dessus récitées, sera mis en l'amende d'une demi-livre de cire.

24° Item, selon l'exigence, celui qui commettra crime et forfait sera mis en cephoi (prison) et gré selon le jugement du Connétable et autres de son conseil.

25° Seront tenus tous les confrères, avenant que l'on fît quelque rebellion à l'encontre du Connétable, ou que l'on lui voulût faire tort et à ses officiers, lui donner confort et aide avec secours, en peine d'être puni et payer amende, selon qu'il sera avisé.

26° Est défendu à tous confrères et archers de tirer de l'arc aux colombes blanches, à la tourterelle, ni aux roitelets en peine pour chacune fois de six deniers d'amende.

27° Seront aussi tenus lesdits confrères et archers comparoir aux jours qui leur seront désignés par le sergent de ladite Confrérie, suivant le commandement du Connétable, en peine de l'amende de six deniers, c'est à sçavoir le jour de la reddition des comptes de ladite Confrérie.

28° Il est à observer que quant aux messes des confrères qui se diront par an aux féréaux, le Chapelain aura pour chanter chacune messe haute la somme de dix sols tournois, et le clerc quatre sols.

29° Seront tenus aussi tous lesdits confrères porter honneur et révérence audit Connétable et à son lieutenant, ensemble de eux soumettre à tous ses commandements.

30° Item, les dépenses de bouche qui se feront tant par le sergent de la Confrérie que par celui qui battra le tambour avec lesdits confrères le jour de saint Sébastien, premier jour de may et mi-carême, se payeront par lesdits confrères également, et celui qui aura le plus à faire de celui qui battra le tambour et le fera jouer pour son plaisir, il le pourra faire, mais le fera de ses dépens.

31° Est enjoint à tous lesdits confrères de faire acoustrer leurs barbes audit jour de saint Sébastien, mi-carême et premier jour de may, mêmement au jour que aucun desd. confrères se mariera, sur l'amende de six deniers tournois.

32° Chacun confrère sera tenu payer pour la Confrérie audit jour de saint Sébastien la somme de six deniers tournois.

33° Si sera pareillement tenu chacun confrère porter un trait en main tant aux vêpres et messe du jour de saint Sébastien, premier jour de may, que quand il sera besoin de faire quelque assemblée honnête par le commandement du Connétable, à peine de six deniers tournois d'amende pour chacune fois.

34° Davantage, si aucun desdits confrères est délaissant et refusant payer les amendes et peines ci-dessus déclarées, même de soi trouver aux jours pareillement ci-dessus désignés, et pour raison de ce il soit ordonné au sergent de ladite confrérie les ajourner ou contraindre, ledit sergent aura pour ses salaires dudit ajournement six deniers tournois et pour la contrainte douze deniers et si aura pour chacune criée six deniers tournois.

35° Plus est enjoint à chacun confrère d'être attaché de quatre éguillettes à ses chausses, avoir un cordon à son chapeau, une ceinture et des jarretières, en tirant au prix le jour de mi-carême et autres jours.

36° Ne pourront lesdits confrères porter aucune dague, ni couteau en tirant de l'arc.

37° Si ne pourront lesdits confrères continuer à pratiquer ledit jeu de l'arc, sans au préalable être bien et dûment armé tant d'une flèche, bracelets, carquois, qu'autres nécessaires.

38° Par résolution faite en assemblée par lesdits confrères a été convenu et accordé que le sergent dudit jardin aura et lui appartiendra toutes les amendes venant d'une..... avec la première partie qui se jouera le jour que l'on voudra tirer, et à chacune fois, en fournissant toutefois par ledit sergent les blancs des buttes et nettoyant icelles.

39° Lesquelles ordonnances selon qu'elles sont ci-dessus écrites.

Nous, confrères soussignés promettons de tenir, entretenir, accomplir et avoir à jamais agréables de point en point sous le serment que nous avons prêté sans en rien y contrevenir.

Ainsi signé : Brunel, Brunel, Brunel, André Brebiou, Chabaille, Bourlon, Blavet, Blavet, Isaac, Bignart, Le Duc, Balin, Despriez, Cras, Annechy, Lazure, Paillet, Le Duc, Antoine Leclerc, Dufrief, Blavet, Jean Billecocq (1).

(1) Ces statuts sont copiés dans le Ms. Cabaille qui se trouve à la bibliothèque de Roye.

Ces statuts continuèrent à être ceux de la nouvelle compagnie rétablie et autorisée en 1715.

———

Avant l'institution dont nous allons nous occuper, il existait simultanément une compagnie d'arbalétriers dans la ville, et d'archers au faubourg de Thoule et au faubourg Saint-Gilles. On voit, en effet, parmi les dépenses de la ville en 1601, figurer 3^l 12 sols pour neuf lots de vin présentés aux archers de la ville de Roye le jour de l'Ascension ; 23 sols pour trois lots de vin présentés aux archers du faubourg Saint-Gilles le jour de l'Ascension ; en 1606, 36 sols pour six lots de vin présentés aux arbalétriers de Roye et aux archers du faubourg du Thoule ; 38 sols pour six lots de vin et deux pains présentés aux archers de Péronne et de Noyon au jardin des archers du faubourg Saint-Gilles (1).

Compagnie du Noble jeu de l'Arc.

Aussitôt sa réorganisation complète, la compagnie songea à la cession définitive du terrain qui lui avait été désigné près de la Porte-Paris, pour lui servir de jardin.

Les 5 et 10 juillet 1715, les chevaliers de l'arc adressent une requête aux officiers municipaux de Roye, à l'effet d'obtenir la concession à vie de leur jardin, dans lequel ils avaient déjà élevé des bâtiments. La municipalité consent à la cession du fossé et de la tour y attenant,

(1) Il fallait 5 lots 1/3 pour faire une velte de vin, mesure de Roye.

en leur laissant la liberté d'y continuer leurs exercices et d'y faire tous les embellissements qu'ils jugeraient convenables. La municipalité accorde même l'exemption pour un an du logement des gens de guerre, tailles et ustensiles à celui d'entr'eux qui abattrait l'oiseau qui se tire annuellement.

Le 4 août 1715, les chevaliers adressent une supplique au comte de Solre, gouverneur de Roye, à l'effet d'obtenir du Roi des lettres-patentes pour le rétablissement du jeu d'arc ; le gouverneur ajouta au bas de la supplique quelques lignes que nous copions littéralement : « Come » je ne vois point de préjudice au service du Roy à ce que » les suplians prétendent ne faisant aucun tort à la » muraille intérieure de la ville qui est fort haute de ce » costé-là, je concens pour autant qu'il me convient qu'ils » fassent ce qu'ils proposent. Fait à Paris le 8 d'août » 1715. Signé Croy, Comte de Solre. »

Le 6 mai 1717, la compagnie envoie au duc d'Elbeuf une requête présentée par Cabaille, avocat, contrôleur au grenier à sel, afin qu'il obtienne du Roi la confirmation du rétablissement de la compagnie. Les officiers et chevaliers s'appuient sur les services rendus par les anciennes compagnies, et sur l'utilité de procurer à la jeunesse quelques amusements. Enfin, le 21 juin de la même année, ils obtiennent en même temps la confirmation par le roi de l'abandon fait par les Maire et Echevins de la ville du jardin près la Porte-Paris, puis des lettres-patentes de Sa Majesté autorisant le rétablissement de la compagnie de l'arc. Voici la teneur de cette ordonnance.

« Louis, par la grâce de Dieu, Roy de France et de Navarre, à nos amez et féaux conseillers les gens tenans notre Chambre des comptes à Paris et à tous autres nos officiers et justiciers qu'il appartiendra, salut. Les capitaines, officiers et chevaliers du jardin de l'arc de notre ville de Roye en notre province de Picardie, Nous ont très-humblement fait représenter que leur compagnie composée des premiers officiers et des plus considérables bourgeois de ladite ville y est établye depuis plus de *trois siècles,* et que vers le millieu du dernier tous les titres tant de leur établissement que des droits dont ils avaient coutume de jouir ayant été perdus, et leurs jardin et bâtiments totallement ruinez par les guerres, ils furent sollicitez par les Maire et Echevins et les habitants de ladite ville de rétablir cette compagnie, ce qu'ils firent par acte du 9 juillet 1683, homologué par le bailly de Roye sous le bon plaisir du feu Roi notre très-honoré seigneur et bisayeul et pour faciliter ce rétablissement, lesdits Maire, Echevins et habitants leur abandonnèrent verbalement un fossé attenant la Porte-Paris de ladite ville avec la tour y jointe, et d'autant que ce lieu demande pour la facilité de leur exercice des réparations et des embellissements, ils auroient proposé auxdits Maire, Echevins et officiers de ville de leur en accorder la cession par écrit et pour exciter de l'émulation entre les officiers et chevaliers de l'arc de consentir que celuy qui abat l'oiseau jouisse de tous les priviléges dont jouissent ceux qui ont la même adresse dans les autres villes où il y a de semblables établissements avec permission de nous ; lesdits Maire, Echevins et Officiers de ville y auroient consenty sous le bon plaisir de feu Roy notre seigneur et bisayeul suivant leur délibération du 10 juillet 1715, d'autant plus volontiers que ce fossé et cette tour ne sont d'aucune utilité à ladite ville et que cette exemption ne lui sera point à charge attendu que la plupart des officiers et chevaliers en jouissent à cause des charges dont ils sont pourvus, que l'abandonnement dudit fossé et de ladite tour aurait été agréé par notre très-cher et bien-aimé cousin le s^r duc d'Elbeuf, gouverneur général pour nous de ladite province de Picardie et par le s^r comte de Solre gouverneur particulier de ladite ville et ils nous auraient très-humblement fait suplier de vouloir bien agréer et confirmer le rétablissement de leur dite compagnie, leur donner le fossé avec la tour y jointe, et accorder à celuy qui abat l'oiseau qui se tire tous les ans en ladite ville le premier jour de may ladite exemption pendant son année. Sur quoy nous aurions fait rendre ce jourd'hui un arrest en notre Conseil d'Etat. Nous y étant, par lequel nous aurions expliqué nos intentions et pour l'exécution duquel nous aurions ordonné que toutes lettres-patentes nécessaires seroient expédiées pour ces causes après avoir fait voir en notre Conseil le consentement de notre cousin le duc d'Elbeuf et dudit s^r comte de Solre et la délibération desdits maire et échevins, cy avec ledit arrest attachez sous le contre-scel de notre chancellerie, de l'avis de notre très-cher et très-aimé oncle le duc d'Orléans régent, de notre très cher et très aimé cousin le duc de Bourbon, de notre très-cher et très-aimé cousin le prince de Conty, de notre très-cher et très-aimé oncle le duc du Maine, de notre très-cher et très-aimé oncle le comte de Toulouse, et autres pairs de France grands et nobles personnages de notre royaume, et de notre grâce spéciale pleine puissance et autorité royalle, nous avons agréé et confirmé, et par ces présentes signées de notre main, agréons et confirmons le rétablissement fait de ladite compagnie du jardin de l'Arc de ladite ville de Roye, comme aussi la cession dudit fossé et de ladite tour situez proche une des portes de ladite ville, appelée la Porte-de-Paris, pour y rétablir leurs exercices du jeu de l'arc. Voulons et ordonnons qu'ils en jouissent pleinement, paisiblement et perpétuellement, comme de chose à eux appartenant, leur permettons en conséquence d'y faire les réparations et embellissements convenables et nécessaires à cet effet, sy vous mandons que ces présentes vous ayez à faire registrer et du contenu en ycelles faire jouir et user lesdits capitaines, officiers et chevaliers du jardin de l'arc de ladite ville de Roye, pleinement, paisiblement et perpétuellement, cessant et faisant cesser tous troubles et empêchements, nonobstant tous édits, déclarations, ordonnances, arrests à ce contraires, auxquels nous avons dérogé et dérogeons par ces présentes, car tel est notre plaisir. Donné à Paris le vingt et unième juin l'an de grâce mil sept cent dix-sept et de notre règne le deuxième. Signé : Louis. — Par le Roy, le duc d'Orléans, régent, présent.

          Phélippeaux. »

Le premier acte inscrit sur le registre commencé au lendemain de saint Sébastien 1712, est une délibération de la Compagnie assemblée dans la salle du jardin, par laquelle elle donne pouvoir au sieur Caballe, prevost, de faire poursuivre pardevant le plus ancien juge de la Prevôté royale de notre ville, non suspect, les chevaliers qui refusent de payer leur cotisation.

En sus de la cotisation, les chevaliers avaient parfois des sacrifices à s'imposer ; c'est ainsi que, lors de sa réorganisation, la compagnie vota une imposition de dix livres sur chaque chevalier ; aussi, pour entrer dans la compagnie, fallait-il certaines ressources, et jouir avant tout d'une bonne moralité. Quand un aspirant voulait être admis, il adressait sa demande au prévôt qui la transmettait à la compagnie assemblée ; on allait aux voix, et l'admission avait lieu à la pluralité des suffrages.

Lors de sa réception, le chevalier était introduit dans la salle, on lui donnait lecture des réglements, il prêtait alors serment sur l'arc tendu d'une flèche, et jurait de satisfaire aux droits et devoirs imposés par les statuts de la compagnie.

Si un chevalier, oubliant ses devoirs, commettait un acte répréhensible, il était rayé du contrôle de la compagnie et expulsé du jardin, suivant la gravité des cas. C'est ce qui arriva le 3 septembre 1713. Les arquebusiers de Laon ayant porté un défi à ceux de Soissons, avaient déposé leurs arquebuses dans la salle des Soissonnais ; le lendemain, les armes des Laonnais trouvées justes la veille, avaient été faussées ; grande émotion parmi les chevaliers ; la compagnie s'assemble, fait comparaître devant elle la fille du concierge qui déclare avoir vu s'introduire dans la salle le chevalier Robert et l'avoir vu toucher aux arquebuses. Celui-ci, amené à la barre par le concierge, reconnaît sa culpabilité ; l'assemblée le condamne à aller à Laon demander pardon de l'insulte qu'il a faite, le condamne en outre à payer les réparations à faire aux armes, l'exclut à toujours de la compagnie, lui fait défense de fréquenter le jardin, et l'oblige à payer 6 liv. 10 sols d'amende pour un service à saint Sébastien (1).

Quand un confrère se mariait, on nommait un officier, ordinairement le prévôt auquel on joignait le porte-enseigne, et cinq chevaliers pour l'accompagner. Ils allaient à la demeure de l'heureux confrère lui faire des compliments au nom de la compagnie, et lui présenter un *bouquet* avec le *blason* de ses armes. Les chevaliers délégués portaient l'épée au côté, le fusil sur l'épaule, l'habit d'ordonnance ; ils étaient précédés du drapeau, des deux tambours de la compagnie, du concierge revêtu de la livrée du roi et tenant en main la *marque d'argent*.

Lorsqu'un confrère se mariait au dehors, cette présentation avait lieu à son retour.

Quand, au contraire, un chevalier passait de vie à trépas, la compagnie était convoquée extraordinairement ; on ordonnait au prévôt d'apposer le sceau de la compagnie sur l'armoire placée dans la salle et qui contenait le mobilier du défunt. Le concierge était tenu de veiller à ce que le sceau ne fût point touché, sous peine d'en répondre en son *nom pur et privé*.

Les officiers et les chevaliers étaient obligés sous peine d'amende d'assister au convoi et à l'enterrement, ils devaient avoir le chapeau avec le plumet, l'épée, le fusil et le fourniment. Une députation était envoyée vers

(1) Extrait du registre aux délibérations de la compagnie de Roye.

la famille du défunt, pour lui offrir les compliments de condoléance. Puis, en présence du prévôt et du lieutenant de la compagnie, le concierge apportait la clef; et, après s'être assuré que les scellés étaient intacts, on procédait à la levée. L'armoire renfermait ordinairement les équipages servant aux exercices du jardin ; c'était le plus souvent un arc, deux traits, cinq flèches et un brassart en bois. Ces objets étaient mis à l'encan, adjugés au plus offrant, et l'armoire retournait à la compagnie. Les chevaliers faisaient dire ensuite un service en mémoire du défunt ; tous étaient tenus d'y assister, sauf exemption pour raisons valables.

Lorsqu'un chevalier désirait ne plus faire partie de la compagnie, il devait en avertir le prévôt ; la compagnie assemblée inscrivait sur son registre le nom du chevalier à la date de sa démission. Il devait toutefois acquitter sa part des charges de la compagnie, et payer l'écu de sortie.

Nombre des officiers et des chevaliers.

Le nombre des officiers et des chevaliers composant la compagnie de l'arc a souvent varié. Par une délibération du 4 avril 1717, il fut décidé qu'à l'avenir les noms des officiers et des chevaliers seraient inscrits annuellement sur les registres aux délibérations, avec la date de leur réception.

En 1717, la compagnie était composée de :
Soucanye, connétable, reçu chevalier en 1683,
Turpin, lieutenant, id. en 1708,
Longuet, enseigne, chevalier en 1683,

Et de vingt-six autres chevaliers.

Le 18 juillet 1718, le corps des officiers est modifié. Parmi eux figurent :

Le marquis de Surville, capitaine, reçu en 1717,
Le comte d'Hautefort, capitaine-lieutenant, en 1717,
Le marquis d'Heudicourt, lieutenant, en 1717,
Le comte de Surville, enseigne.
Le chevalier de Surville, cornette.

Puis quatre officiers en second, et vingt-cinq chevaliers.

Le contingent de 1721 compte six officiers en premier, quatre en second, et vingt-quatre chevaliers.

1722 nous donne cinq officiers en premier, quatre officiers et vingt-deux chevaliers.

1725 offre le même nombre, nous remarquons seulement le commandant de Bolincourt comme enseigne.

1747 compte un capitaine, un lieutenant, un enseigne, un cornette et vingt-deux chevaliers.

1748, quatre officiers et dix-neuf chevaliers.

1750, quatre officiers, vingt chevaliers.

1751, quatre officiers, dix-neuf chevaliers.

En 1789, le 24 août, l'état-major est ainsi composé : colonel, lieutenant-colonel, capitaine-major, capitaine aide-major, capitaine-lieutenant, sous-lieutenant, enseigne, quartier-maître, trésorier, aumônier, chirurgien-major, (onze officiers) ; capitaine-vétéran, sous-lieutenant-vétéran, un chevalier-vétéran et vingt-deux chevaliers.

Uniforme.

Les chevaliers de l'arc portaient comme armes, dans

leurs jeux, l'arc ; dans leurs services et dans les cérémonies publiques, le fusil et l'épée ; les officiers tenaient alors un *sponton* à la main, et avaient un hausse-col ; ils montaient à cheval, et portaient à la boutonnière la médaille de Saint-Sébastien (1).

Quand a l'uniforme, il fut plusieurs fois modifié ; il n'était pas d'abord exigé d'une manière rigoureuse ; toutefois, la compagnie devant assister au prix général rendu en 1718 par celle de Compiègne, les archers décidèrent d'y paraître en tenue convenable. On arrêta ainsi l'uniforme : un juste-au-corps en camelot écarlate, avec manches coupées, garni de vingt-quatre boutons de soie ou de poils de chèvre, les boutonnières ayant un fil d'argent à petits points, excepté pour les officiers qui pouvaient les garnir des ornements qu'ils jugeraient convenables ; puis une paire de bas écarlate.

En 1764, on négligeait de porter l'uniforme au point de paraître au jardin en tenue de ville ; la compagnie décida qu'une amende de trente sols serait imposée à celui qui ne prendrait pas l'uniforme lors des assemblées notables.

Le 7 juillet 1777, sous le commandement du capitaine Aubert des Avesnes, on arrête que tous les chevaliers devront porter l'uniforme, excepté ceux âgés de plus de soixante-dix ans. Cet uniforme fut ainsi fixé : L'habit devra être de bouracan écarlate, ayant dix à onze boutons sur le devant, les poches seront en travers, portant trois boutons, le collet aura environ un demi-pouce de largeur,

---

(1) Nous trouvons en note sur le registre : *Le sieur Langlois, rue de l'Arbre-Sec, à Paris, débite par privilége et exclusivement à tout autre, les médailles de Saint-Sébastien.*

les parements seront petits et fermés par trois boutons, la doublure sera de nankin, couleur ventre de biche, les boutons seront de mille points en or et à l'aiguille ; la veste ainsi que la culotte aussi en nankin ; les bas seront blancs ; les cheveux en perruques seront en queue, ce qui n'aura pas lieu néanmoins pour les chevaliers au-dessus de cinquante ans ; le chapeau sera noir et uni, la cocarde de ruban blanc ; l'épaulette sera en or, avec franges aussi en or ; l'épée à la liberté de chacun pour le goût, sans qu'il soit permis cependant porter des couteaux de chasse.

Le marquis Armand de Soyecourt ayant accepté le grade de colonel de la compagnie, apporta quelques modifications à l'uniforme qu'il détermina ainsi, dans un nouveau réglement : habit de raz de castor écarlate, parement de même étoffe, mais ventre de biche pour la couleur, lequel s'ôtera et se mettra à volonté, ainsi que le collet ; veste de drap et la culotte aussi couleur de ventre de biche ; l'habit doublé de même couleur, en serge ou toile de coton ; et pour l'été, veste, culotte de toile de coton blanche, ainsi que les bas qui restent les mêmes ; le chapeau uni et garni d'une cocarde blanche uniforme, qui peut se faire de bazin blanc, comme cela a lieu dans la troupe.

En 1780, l'uniforme consistait en un habit avec la poche en travers, un large collet monté ; lequel habit était en drap écarlate, avec les parements, revers et collet en velours noir, les boutons étaient de cuivre doré ; la veste et la culotte en drap couleur ventre de biche, avec une doublure de toile de coton ventre de biche ou en nankin; pour l'été, veste, culotte et bas blancs; chapeau uni avec cocarde de bazin. Lorsque la compagnie prenait les armes pour le service du Roi, les officiers et les chevaliers étaient tenus de se mettre en guêtres blanches.

Le 28 août 1789, alors que tout changeait, on changea l'uniforme. C'était un habit de drap de silésie écarlate, avec les poches en travers, à collet montant, à petits parements ouverts de même étoffe et bordé d'un drap blanc; la doublure en toile blanche; la veste et la culotte en drap de coton blanc; les boutons étaient soufflés portant au milieu un arc, une flèche et un carquois; il fallait douze gros boutons et vingt-quatre petits pour l'habit; le chapeau était uni, la cocarde encore en bazin blanc. Les officiers portaient la contre-épaulette or, les trèfles en argent, suivant leurs grades; les chevaliers portaient un trèfle en argent. Les habits étaient retroussés et avaient sous chaque agrafe une fleur de lys en argent pour les officiers, et en drap pour les chevaliers. La croix de Saint-Sébastien était suspendue avec un ruban blanc. L'été, on portait la veste, la culotte et les bas en coton blanc; mais l'hiver, on mettait des bas noirs avec la veste blanche.

Enfin, en 1791, la compagnie, se conformant aux décrets de l'Assemblée nationale, abandonna son uniforme, et préluda ainsi à sa prochaine dissolution.

Drapeau.

La compagnie de l'arc avait un drapeau aux armes du

Roi, il était fixé à une hampe sans cravatte. Ce drapeau se portait dans les cérémonies pour le service de Sa Majesté.

Indépendamment de ce drapeau, la compagnie avait encore un étendard ou enseigne aux armes de la ville : *de gueules à la bande d'argent,* qui accompagnait souvent le drapeau dans les solennités publiques.

Ces armoiries étaient quelquefois modifiées par les chefs de la compagnie qui ajoutaient leurs armes à celles de la ville, comme le fit notamment le marquis de Soyecourt.

Lorsque la compagnie se réunissait pour le tir à l'oiseau et pour son service particulier, elle avait une sorte d'étendard qui était fixé par une flèche transversale et se portait comme une bannière.

Le drapeau était en dépôt chez le commandant où la compagnie allait le chercher avant de se rendre à une cérémonie.

Voici les documents que nous avons trouvés sur ce point. Le 18 janvier 1718, l'enseigne Longuet fit présent d'un drapeau devant servir les jours de cérémonie. Après les dernières vêpres de saint Sébastien, la compagnie se rendit en armes à l'église Saint-Pierre afin de le faire bénir.

La compagnie étant debout devant l'entrée du chœur, les tambours battant aux champs, les officiers et les chevaliers réunis en haie sous les armes, l'enseigne Longuet présenta le drapeau à la bénédiction de Claude Dangez, curé de la paroisse.

Un prix général devant avoir lieu à Compiègne, la compagnie, afin d'y paraître d'une manière convenable, fit réparer son drapeau. Le 5 juin 1718, le tambour de la compagnie réunit tous les chevaliers au jardin de l'arc pour la bénédiction du drapeau réparé. Les officiers en hausse-col, tenant un sponton à la main, précédés du tambour, du concierge portant la *marque*, les chevaliers ayant le fusil et le fourniment, se rendirent à l'église Saint-Pierre. La compagnie étant rangée sous les armes dans le chœur de l'église, le fusil sur l'épaule, les tambours et les fifres appelant, le lieutenant Turpin présenta le drapeau qui fut bénit.

Nous voyons en 1790, le prévôt de la compagnie payer huit sols pour réparation faite au drapeau.

Le 3 juin 1791, la compagnie désirant se conformer aux décrets de l'Assemblée nationale, s'occupa, de concert avec la municipalité, de déposer son drapeau dans l'église St.-Pierre ; la compagnie assemblée arrêta à ce sujet ce qui suit :

1° Qu'elle déposera lundi prochain, 6 courant, le drapeau en l'église Saint-Pierre, et que M. Wable, aumônier ordinaire, sera prié de dire une messe relative à cette cérémonie.

2° Que la municipalité, par les chevaliers Grégoire père et Lefèvre, que la compagnie nomme pour ses commissaires, aura communication du premier article de l'arrêté ci-dessus, et recevra l'invitation d'assister à la cérémonie.

3° Que la garde nationale de la ville aura semblable communication et pareille invitation.

4° Que le même jour, la compagnie se donnera un repas auquel la municipalité, au nombre de deux de ses membres, sera invitée ; et la garde nationale, au nombre de trois de ses membres dont un officier supérieur, un sous-officier et un fusilier, sera également invitée.

5° Qu'au repas, M. Boutteville, curé de la paroisse, sera aussi invité pour accompagner M. Wable.

6° Qu'après lesdites communication et invitation à la garde nationale, ladite garde nationale sera priée de recevoir le *Guidon* de la compagnie dont elle lui fait avec plaisir offre et remise.

7° Que le même jour, après le repas, la compagnie tirera son prix ordinaire.

Tel est le dernier acte de la compagnie qui, fidèle à son drapeau, s'éteint avec lui.

Cérémonies auxquelles assiste la Compagnie.

Avant de nous occuper de la compagnie dans ses exercices au tir à l'arc, nous allons la suivre dans les différentes cérémonies auxquelles elle assista, et dont elle fut toujours le plus bel ornement.

Nous avons dit que la compagnie se rendait en armes aux convois et aux enterrements de ses confrères, et qu'elle envoyait une députation vers ceux qui se mariaient.

Nous l'accompagnerons maintenant aux services de saint Sébastien, aux processions paroissiales, aux Te Deum, aux solennités publiques. Nous la verrons même, au jour du danger, au moment des troubles, apporter son appui à l'ordre et ramener la tranquillité.

La compagnie du noble jeu de l'arc était une société de parade, aimant à se faire voir, et saisissant toutes les occasions pour sortir de son jardin ; mais c'était aussi une institution utile, dans laquelle se perpétuaient les traditions d'honneur et de moralité. Notre compagnie rendit des services à la ville ; celle-ci aimait à les reconnaître. C'est ainsi qu'en 1715, les Maire et Echevins firent présent aux chevaliers de l'arc *d'une marque garnie d'argent en plein,* sur laquelle se voyaient d'un côté, Roye, et de l'autre les *Armes de la ville,* avec la date au bas : 1715.

Lorsque la compagnie sortait pour assister à une cérémonie publique, la municipalité lui assignait à l'avance sa place, et toujours elle avait le pas sur la milice bourgeoise, parce que les archers étaient d'une institution plus ancienne, et parce que la compagnie était composée de l'élite des habitants ; elle était, pour ainsi dire, une école militaire, formant la jeunesse à l'habitude des armes. Nous verrons plus tard la milice vouloir contester les prérogatives à notre compagnie, et de graves incidents s'en suivre.

Lorsque la compagnie sortait de son jardin pour assister au service de saint Sébastien ou à une cérémonie publique, son ordre de marche était réglé : les officiers étaient en hausse-cols tenant à la main *un sponton ;* les chevaliers marchaient sur deux rangs, l'épée au côté, précédés du concierge et des tambours, l'enseigne déployée au milieu de la compagnie ; il était défendu de porter une canne et d'avoir un manteau sur les épaules. Ils marchaient immédiatement devant les officiers du Bailliage et de la Ville. La bonne tenue des chevaliers, leur uniforme riche, la dignité d'eux-mêmes, donnaient à la compagnie en marche un caractère imposant et solennel.

S'ils assistaient à un *Te Deum,* à une publication de la paix, ils portaient au chapeau le plumet et la cocarde blanche ; leur place était assignée dans le chœur de l'église, ils occupaient la droite, tandis que la milice bourgeoise tenait la gauche,

En 1715, lors de la mort du roi Louis XIV, la compagnie assista au service en habits noirs, bas noirs, le plumet et la cocarde au chapeau, avec le mousqueton et le fourniment.

S'il s'agissait d'aller au-devant du Roi, du Gouverneur de la province ou d'un grand personnage, la compagnie montait à cheval, portant le fusil au côté droit.

Saint Sébastien était le patron de la compagnie ; chaque année, la compagnie faisait dire un service auquel tous les officiers et chevaliers étaient obligés d'assister sous peine d'amende. La compagnie se rendait au jardin sur l'avis du prévôt ; on décidait l'heure de la réunion ; le jour dit, la compagnie assemblée, on procédait à l'appel ; les chevaliers manquant sans excuse valable étaient inscrits sur le registre, puis la compagnie se mettait en marche pour se rendre à l'église Saint-Pierre, où le service se faisait habituellement. Autrefois les arquebusiers allaient à Saint-Florent, et la confrérie des archers de Saint-Gilles, se rendait à sa paroisse. On voit sur les comptes de la fabrique de cette église qu'ils payaient trois livres dix sols pour heures canoniales le jour de saint Sébastien. — Le service terminé, la compagnie retournait au jardin pour se réunir de nouveau, afin d'assister aux vêpres. — Une seule année, en 1729, le froid était si intense que la compagnie remit à des temps meilleurs la fête de son patron. — Après les vêpres, on assistait au salut, car, par une faveur toute spéciale, la compagnie avait obtenu de l'évêque d'Amiens le droit de faire dire un salut. L'aumônier de la compagnie prononçait le panégérique du saint.

En 1756, le service fut remis et célébré dorénavant le 7 octobre, afin d'avoir une saison plus convenable.

En 1716, la compagnie avait décidé que, contrairement aux anciennes coutumes, elle n'assisterait pas en corps aux processions de Saint-Florent et du Saint-Sacrement. Nous voyons plus tard la compagnie revenir sur cette décision et assister à la procession du Saint-Sacrement ; rangée sur deux lignes, elle escortait la procession jusque dans l'église ; les chevaliers se plaçaient alors dans le chœur, tandis que les officiers allaient s'asseoir dans les stalles. Sur l'invitation du clergé, la compagnie suivait annuellement cette procession.

Mais la plus belle cérémonie à laquelle ait assisté notre compagnie de l'arc, est assurément celle de la béatification de sainte Jeanne. Cette cérémonie, qui eut lieu dans la ville de Roye au mois de mai 1743, dura plusieurs jours. Jeanne de Valois, qui était fille de Louis XI et sœur de Charles VIII, fut l'épouse de Louis XII.

La béatification se fit avec une grande pompe. La compagnie, priée par la Supérieure du couvent des Annonciades de vouloir bien honorer de sa présence cette cérémonie, accepta l'invitation. Le 4 mai au matin, elle se rendit en armes au couvent d'où devait partir la procession. Le clergé de Saint-Florent, celui des quatre paroisses de la ville et des faubourgs, les communautés des Cordeliers et des Minimes, les officiers du Bailliage et du Corps de Ville, composaient le cortège. En tête, marchait le suisse de Saint-Florent, puis les croix des paroisses, le clergé régulier et séculier, arrivait ensuite la compagnie de l'arc sur deux lignes, entre le clergé, le drapeau et l'étendard déployés au milieu des rangs ; l'évêque d'Amiens, en habits pontificaux, suivait accompagné de ses assistants ; derrière étaient les corps du Bailliage et de la Ville.

Le chevalier De la Rive portait en tête la bannière de la bienheureuse Jeanne, les cordons étaient tenus par MM. de Beauvillé et Dauvricourt. La procession, après avoir parcouru la rue de Paris et la rue des Minimes, se rendit à l'église Saint-Florent ; là, devant le chœur, eut lieu la lecture et la publication de la Bulle concernant la béatification de la bienheureuse Sainte : puis, le chevalier présenta la bannière à la bénédiction de l'Evêque, et les tambours battirent aux champs. La bannière bénite fut remise aux mains de l'abbé de Riencourt, qui marchait revêtu d'une aube et d'une tunique, accompagné du Père gardien des Cordeliers et du Père correcteur des Minimes, qui devaient tenir les rubans.

La procession se renouvela le lendemain et les jours suivants. Après avoir laissé la châsse à Saint-Florent, on la transporta à Saint-Pierre et de là dans la chapelle des Annonciades où elle devait rester.

Chaque fois la compagnie embellit la procession de sa présence, aussi reçut-elle les félicitations de l'Evêque sur sa piété et sur sa belle conduite dans ces circonstances. De son côté, elle voulut montrer combien elle était heureuse de ces marques de bienveillance ; elle alla après l'office chercher le prélat à l'église Saint-Pierre, et le ramena entre deux haies jusqu'au couvent des Annonciades : avant de se retirer, elle fit une décharge de toutes ses armes.

La Compagnie assistait aussi aux cérémonies publiques, et aux feux de joie allumés en réjouissance de la paix ou pour la cessation de la peste, comme en 1723.

Lorsque le Gouverneur de la Province venait à Roye pour la première fois, elle se rendait en armes à son arrivée. Le 21 mai 1726, quand le gouverneur de Roye Davuille, chevalier de l'ordre militaire de Saint-Louis, colonel du régiment Cambrésis-Infanterie, arriva, la compagnie se rendit à la poste aux chevaux où il était descendu ; l'officier Turpin lui présenta les compliments d'usage. Le Gouverneur exprima le désir de faire visite à la compagnie en son jardin ; à son entrée, il fut reçu par le capitaine en hausse-col et le sponton à la main, les officiers et les chevaliers étaient placés sur une ligne, le Gouverneur examina le jardin avec intérêt, puis monta dans la salle haute où un déjeuner était servi ; les officiers furent admis à la table, tandis que les chevaliers restèrent sous les armes à la garde du drapeau. Le repas terminé, le Gouverneur fut reconduit jusqu'à la porte, avec tous les honneurs dus à son rang.

Le roi Louis XV passa plusieurs fois à Roye lors de la guerre dans les Flandres et chaque fois la compagnie fut invitée à lui servir d'escorte. Le 30 avril 1744, les Maire et Echevins engagèrent les chevaliers de l'arc à se mettre sous les armes pour l'arrivée du roi, et assignèrent pour place à la compagnie le terrain compris entre la bascule de la Porte-Paris et le pont de Saint-Gilles (1) : là, elle devait se trouver seule avec le corps de Ville : la compagnie accepta cette position.

La milice bourgeoise ayant appris cette décision fit savoir à la municipalité qu'elle ne souffrirait pas que la compagnie de l'arc ait le pas sur elle dans cette circonstance. La compagnie assemblée, se fondant sur le réglement de préséance de 1714 et sur l'ordonnance royale concernant les compagnies de l'arc dans la province de Champagne et de Brie, maintint son droit ; mais, voulant éviter tout conflit, elle décida qu'elle monterait à cheval et irait attendre le Roi sur la route de Paris, entre le moulin de St.-Gilles et l'avenue du château de Tilloloy.

Le Dimanche 3 mai, la compagnie se réunit à cheval sur la Place d'armes et descendit la rue de Paris pour aller au-devant du Roi ; elle était précédée de son concierge, les tambours battaient la marche, le drapeau et l'étendard étaient déployés au milieu de la compagnie. La milice bourgeoise était rangée sur deux lignes dans la rue de Paris. Lorsque le concierge de la compagnie parut entre les rangs de la milice, les soldats saisirent son cheval par la bride pour l'empêcher d'avancer ; un officier s'étant porté en avant pour dégager le concierge reçut la même insulte : les gardes croisèrent la baïonnette, et les chevaliers mirent l'épée à la main pour s'ouvrir un passage. Une collision regrettable allait s'en suivre, lorsque le commandant qui était bien monté piqua des

---

(1) A cette époque le pont sur l'Avre était plus haut, au coin de la rue Chivot.

deux et partit au galop, les chevaliers suivirent son exemple, et la compagnie put arriver à son poste.

Dans une autre circonstance ce droit de préséance fut contesté par la maréchaussée ; voici dans quelle occasion. Nous copions textuellement le registre ; les détails qu'il renferme ont quelqu'intérêt.

« Le 7 septembre 1745, le Roi qui était parti la veille de Lille vers les sept heures du matin, arriva dans notre Ville le même jour à trois heures et demie après-midi ; Sa Majesté trouva à une demi-lieue de la ville un détachement considérable de la maréchaussée de la province à la tête duquel était M. De la Combe, son prévôt ; la compagnie royale de l'arc établie dans Roye, qui était montée à cheval, avait pris poste à un quart de lieue, elle était en habit rouge uniforme, garni de boutons d'or, les officiers ayant le leur bordé d'un galon ; tous étaient en plumet et cocarde blanche ; elle avait son drapeau aux armes du Roy ; son concierge et ses tambours étaient couverts de la livrée de Sa Majesté.

« Dès que le carrosse du roi se trouva à portée de la compagnie, elle mit l'épée à la main, les tambours battirent aux champs, le premier officier avec quatre chevaliers précéda le carrosse du roi. Le surplus de la compagnie ayant voulu prendre place à la suite des officiers et des gardes du roi derrière lesquels étaient le prévôt de la maréchaussée à la tête de son détachement, le prévôt s'y opposa ; ce refus donna lieu à quelques *discours,* qui furent entendus dans le carrosse du roi. M. le duc de Villeroy qui y était demanda au chef de brigade qui se trouvait à la porte du carrosse, les motifs du bruit qu'on entendait, et s'en étant informé à un exempt lequel le suivait, il en rendit compte à ce seigneur, lequel un instant après mit la tête à la portière et ordonna à la maréchaussée de *céder le pas à la compagnie des chevaliers* et de marcher à leur suite : ce qui fut exécuté sur le champ, en sorte que la maréchaussée ferma la marche.

« Le Roi fut reçu à la porte de la ville que les magistrats avaient fait décorer d'un petit arc de triomphe garni d'emblêmes, par le lieutenant du roi qui lui présenta les clefs étant à la tête du corps de ville. Sa Majesté trouva un second arc de triomphe beaucoup plus élevé que le premier, garni aussi d'emblêmes, dans le milieu de la rue Saint-Pierre ; elle traversa la place pour se rendre au logement qui lui avait été préparé et dont elle a témoigné être satisfaite. Depuis la porte de la ville jusqu'au logement du roi, la milice bourgeoise formait une double haie terminée par un détachement des gardes françaises et suisses. Non seulement toutes les rues par lesquelles le roi passa ce jour et le lendemain, mais les autres furent tendues, et celles qu'il traversa furent sablées. Dès que Sa Majesté fut entrée dans son logement, elle y fut complimentée par l'Evêque d'Amiens à la tête du Chapître de l'église royale et collégiale de Saint-Florent ; ensuite par le Bailliage de la Ville ; ces deux compagnies furent présentées au roi par le duc de Richelieu gentilhomme de la Chambre. Le Roi soupa de bonne heure et en public, ayant eu la bonté de permettre qu'on laissât entrer les premières personnes tant de la ville que des villes voisines, et la noblesse des environs dont il y eut après le départ du roi un grand concours dans Roye.

« Pendant le repas, les dames religieuses Annonciades envoyèrent à Sa Majesté deux corbeilles de fruits superbes qu'elle reçut avec satisfaction ; elles eurent le plaisir de lui en voir manger, ayant fait découvrir un coin de leur bâtiment en face du logement du roi, pour avoir la satisfaction de le voir, avantage dont elles ont profité plus longtemps et plus à leur aise qu'aucune personne de la ville.

« A l'entrée de la nuit il y eut par toute la ville des illuminations dont une partie durait encore au départ de Sa Majesté ; la façade de son logement ainsi que celle de l'Hôtel-de-Ville et du pavillon du jardin de l'arc, où l'on avait placé les portraits du roi avec différents emblèmes, étaient totalement illuminés et avec goût. La rue où logeait le roi était encore éclairée par de grandes terrines de feu de Bengale, placées sur le pavé des deux côtés de la chaussée. Aux quatre coins de la Place et au milieu on avait élevé cinq grandes machines ; celles des encoignures représentaient de fort grands ifs, et celle du milieu une lanterne d'une hauteur et d'une largeur considérable ; le tout était chargé d'une prodigieuse quantité de lampions artistement rangés : les façades des églises, des clochers, du beffroi et des trois portes de la ville étaient pareillement illuminées, en sorte que pendant la nuit qui fut des plus calmes, on voyait aussi clair dans la ville qu'en plein jour.

« A huit heures du matin, le roi, accompagné de Monseigneur le Dauphin et les Seigneurs, se rendit à pied, au milieu d'une double haie formée par la milice bourgeoise, les gardes françaises et suisses, derrière lesquelles la compagnie de l'arc était à cheval sur une ligne et derrière elle la maréchaussée, à la Collégiale de Saint-Florent que le Chapitre avait fait décorer ; il fut reçu à la porte de l'église par l'Evêque, revêtu de ses habits pontificaux, accompagné du doyen et des chanoines du Chapitre qui étaient tous en chape. Après avoir entendu la messe, il fut conduit jusqu'à la porte de l'église par le même Prélat à la tête du clergé ; Sa Majesté monta en carrosse avec M. le Dauphin, le duc de Villeroy, capitaine des gardes, le marquis de Beringhen, premier écuyer de Sa Majesté ; le carrosse marcha fort lentement jusques hors les portes de la ville. La compagnie fit escorte au roi, dans le même ordre qu'à son entrée, jusques au pont de Laucourt. »

Choix des Officiers de la Compagnie.

La compagnie de l'arc choisissait ses chefs parmi les plus illustres maisons de nos environs. C'est ainsi qu'en 1717, la compagnie alla en députation au château de Champien, chez le marquis de Surville, pour lui offrir le commandement de la compagnie.

En 1727, Aubé de Braquemont, seigneur de Damery, fut capitaine.

Le 28 août 1751, la compagnie en armes se présenta au château de Tilloloy pour offrir le commandement au très-haut et très-puissant seigneur Louis Armand de Seiglière de Belleforière, marquis de Soyecourt, Maisons et Poissy, comte de Roye et de Tilloloy, seigneur de Beuvraignes, Conchy, Plessis-Saint-Nicaise, Crapaumesnil,

Laucourt, Dancourt et de plusieurs autres places, brigadier des armées du Roy, mestre-de-camp du régiment Dauphin étranger cavalerie. La compagnie arrivée dans la seconde cour, le seigneur se présenta sur le perron du vestibule, ayant près de lui le comte de Soyecourt son frère; les officiers vinrent le saluer *du sponton* et du drapeau, puis le capitaine Aubert des Avesnes pria le marquis au nom de la compagnie d'accepter le titre de *Capitaine d'honneur*. Le Seigneur s'avança entre les deux haies formées par les chevaliers, remercia la compagnie de l'honneur qu'elle lui faisait et l'assura de tout son dévouement; puis, la compagnie entra dans le château, et le Seigneur signa son acte d'adhésion.

Ce n'était pas la première fois que la compagnie allait au château de Tilloloy; l'année précédente, la compagnie de l'arc ayant été prévenue que Monseigneur l'abbé de Pomponne, doyen des seigneurs les conseillers d'état, commandeur et chevalier de l'ordre du Saint-Esprit, abbé de Saint-Médard de Soissons, et en cette dernière qualité grand-maître de la compagnie de l'arc des provinces du Soissonnais et de Picardie, était à Tilloloy, se rendit au château pour lui présenter ses hommages. Les officiers étaient en hausse-col avec le sponton, les chevaliers avaient l'habit d'ordonnance et portaient le fusil et le fourniment.

Plus tard encore le 8 septembre 1766, le colonel de Soyecourt invita la compagnie à assister au *Te Deum* chanté dans l'église de Tilloloy, en actions de grâces du rétablissement de la santé de la Reine. La compagnie répondit à cette invitation; après le *Te Deum* exécuté en musique, le seigneur de Soyecourt fit entrer les chevaliers dans une salle où se trouvait dressée une table de soixante couverts : le repas fut servi avec autant de *délicatesse* que *d'abondance en tous genres*. Plusieurs toasts furent portés au Roi, à la Reine et au chef de la compagnie ; on se sépara enchanté de la réception.

Quelques jours après, le seigneur de Tilloloy étant allé présenter ses hommages à la Reine, alors à Compiègne, fut chargé de témoigner à la compagnie de l'arc tout le plaisir qu'avait éprouvé Sa Majesté de son empressé dévouement.

Le 12 octobre 1768, la compagnie alla à Tilloloy présenter ses devoirs au roi de Danemarck alors au château ; la compagnie passa la revue, fit une décharge de mousqueterie, et fut invitée à un repas magnifique dans la grande salle du château ; des toasts furent portés à la santé de Sa Majesté Danoise.

Le colonel de Soyecourt fit plusieurs réformes dans la compagnie ; il indiqua un uniforme qu'il rendit obligatoire, il fit procéder au renouvellement des officiers, et donna un règlement en douze articles pour la discipline et pour la bonne tenue de la compagnie. Il conserva son commandement, non effectif, jusqu'en 1789.

Faits d'armes de la Compagnie.

La compagnie du noble jeu de l'arc ne s'occupait pas toujours de divertissements ; les traditions de dévouement à la patrie s'étaient conservées parmi ses membres et ils étaient jaloux de se montrer au moment du danger. Deux fois dans l'espace des quatre-vingts années dont nous traçons l'histoire, la Compagnie a donné des preuves de son courage : en 1775, et en 1789.

Le 8 mai 1775, on apprend à Roye, par une dépêche du Maire de Montdidier, que les grains mis en vente sur le marché de cette ville avaient été pillés par une multitude révoltée. On est prévenu en même temps que des individus mal intentionnés se promettent d'exercer le même pillage au marché prochain de Roye. A cette nouvelle, le maire Cathoire convoque les Echevins, les Officiers du Bailliage, et leur donne communication de la dépêche reçue. On décide qu'il faut faire appel à tous les citoyens armés ; l'assemblée jette tout d'abord les yeux sur la compagnie de l'arc, dont les chevaliers habitués au maniement des armes devaient apporter un contingent sûr et imposant. La compagnie répond à cet appel avec empressement; le lundi au matin, jour de marché, elle se rend en uniforme et en armes sur la Place de la Ville. Bientôt on voit apparaître sur les routes, dans toutes les directions, des individus en grand nombre ; le guetteur placé dans le beffroi donne aussitôt le signal de leur approche. Un détachement des chevaliers est placé à chaque porte de la Ville, avec ordre de ne laisser pénétrer personne. Les faubourgs sont remplis de plus de deux mille individus qui veulent entrer de force dans la ville, mais leurs efforts viennent se briser contre l'opiniâtre résistance des chevaliers de l'arc ; les officiers, l'épée à la main, en imposent à la foule qui recule dans les faubourgs ; plusieurs fois, cette multitude revient à la charge et toujours elle est repoussée. Enfin, le soir venu, un peloton de chevaliers renforcé de la maréchaussée et de citoyens armés parcourt les faubourgs, fait évacuer les rues et délivre la ville de la présence de ces malfaiteurs. De huit heures du matin à six heures du soir, la compagnie resta sous les armes, se portant partout où il y avait danger : son énergique dévouement, sa bonne contenance furent admirés de tous, et son patriotisme lui mérita la reconnaissance générale.

Le 23 juillet 1789, le bruit se répandit dans la ville que six mille hussards allaient venir la piller et la saccager ; tout-à-coup, on voit surgir une multitude de citoyens prêts à repousser les ennemis. Bientôt arrivent les habitants de Nesle ayant à leur tête des ecclésiastiques, des canons ; puis les Péronnais et tous les habitants des villages circonvoisins, portant des armes de différentes espèces. Ils étaient accompagnés d'un détachement des dragons de la Reine, alors en garnison à Nesle, et d'un détachement de cuirassiers en garnison à Lihons. La brigade de la maréchaussée de Roye et un escadron de Berry cavalerie en garnison dans la ville, se joignirent à eux. La troupe se répandit sur les routes et dans les campagnes, pour marcher à la rencontre de l'ennemi.

Dans ces circonstances, la compagnie des archers voulant donner une nouvelle *preuve de la bravoure qui l'a signalée en* 1775, envoie une députation vers le corps municipal, pour exprimer le vœu de faire une garde sous le commandement de ses officiers, proportionnellement au nombre de huit chevaliers, à telle porte que l'on voudra lui assigner, avec les citoyens formant la garde bourgeoise ; la compagnie fait ajouter le regret de n'être pas en plus grand nombre.

Mais ce déploiement de forces fut inutile, car bientôt on apprit que ce n'était qu'une des fausses alertes si fréquentes dans ces moments de trouble et d'agitation.

Jardin de l'Arc.

Le Jardin de l'arc concédé aux chevaliers par les officiers municipaux consistait en un fossé terminé par une tour qui servait de logement au concierge, et en une chambre au-dessus de la Porte-Paris.

Voici l'extrait du registre aux délibérations de la ville du 15 septembre 1686, qui consacre cette concession consentie par le marquis d'Hocquincourt, gouverneur de Roye, à la date du 24 septembre même année.

« Plusieurs notables habitants exposent qu'il y avait
« cy-devant une compagnie de chevaliers archers, qui
« avait acheté un jardin à surcens situé au-delà du jar-
« din de l'Hôtel-Dieu de Saint-Gilles, abandonné par les
« guerres ; qu'il y avait aussi, une compagnie d'arbalé-
« triers qui avait son jardin le long du rempart, et der-
« rière la maison de feu Cornet Gouilliart, pareillement
« abandonné ; en sorte qu'il n'y aura plus dans cette
« ville aucun divertissement pour les gens honnêtes, que
« la jeunesse ne trouvera plus d'exercice honnête pour
« s'entretenir : pourquoi, ils requièrent vouloir relever au
« profit de la ville le jardin des arbalétriers, et de leur
« abandonner quelqu'autre endroit propre à établir un
« jardin de l'arc. Sur quoi, a été résolu que la ville pren-
« drait à son profit le lieu qui cy-devant servoit de jardin
« aux arbalétriers, et d'abandonner sous le bon plaisir

« du Roy et du Gouverneur de la Province et de la Ville
« à la compagnie des chevaliers de l'arc qui sera établie,
« le fossé depuis la Porte-Paris jusqu'à la *Tour Loupart,*
« avec pouvoir d'occuper pour *Chambres Communes,*
« celles *qui sont au-dessus de ladite Porte-Paris,* à la
« charge par lesdits chevaliers archers d'entretenir le jar-
« din et lesdites chambres, dans le même état qu'elle
« leur sera baillée, avec pouvoir de faire un escalier pour
« descendre dans le jardin. »

Le jardin de l'arc était donc situé au sud-est de la ville, près la Porte-Paris ; une grille de bois en fermait l'entrée, on y descendait par un escalier de plusieurs marches. Il longeait la muraille des Religieux de la charité et avait environ cent mètres de longueur. En entrant, à gauche, se trouvait un jeu de boules qui servait aux amusements des chevaliers et du public. Une allée plantée d'ormes conduisait au bâtiment que la compagnie éleva dans la suite vers le milieu du jardin et qui se composait d'un rez-de chaussée avec perron et d'un premier étage.

Le rez-de-chaussée était occupé par le concierge de la compagnie, chargé de l'entretien du jardin ; il s'engageait a tenir les lieux propres, à ne souffrir aucun exercice dans le jardin les dimanches et fêtes pendant l'office divin, ni aucune assemblée après dix heures du soir ; il ne devait permettre à nul étranger de faire aucune partie de plaisir dans la chambre qu'il ne soit accompagné d'un membre de la compagnie ou d'une autorisation du premier officier. Le concierge était en même temps *marqueur au jeu;* il portait une espèce de bâton à l'extrémité duquel était une marque de forme ronde, noire d'un côté et blanche de l'autre, il arborait l'une ou l'autre couleur selon l'adresse du tireur. C'est cette marque en argent que le concierge du jardin portait dans les cérémonies publiques, lorsqu'il marchait en tête de la compagnie.

Au premier étage du bâtiment existait une chambre portant deux fenêtres de chaque côté; on y arrivait par un escalier en bois qui prenait naissance sur le côté droit du bâtiment. Au milieu de la chambre, était une cheminée, où était appendu un tableau, dans le milieu duquel était peint *un Oiseau;* on y lisait ces mots: ***Prix de l'Oiseau,*** avec l'année, et dans le bas était inscrit le nom de celui qui avait abattu le rossignol.

Tout autour de la chambre se trouvaient des armoires en chêne au nombre de trente six; elles avaient sept pieds de hauteur sur un pied de largeur et sept pouces de profondeur; elles servaient aux chevaliers pour renfermer leur mobilier de jardin.

Dans un coin de la salle était le coffre en bois dans lequel la compagnie mettait ses archives; ses titres étaient nombreux, si l'on en juge par l'inventaire inscrit sur le registre aux délibérations (1); aujourd'hui il ne nous reste que deux parchemins et quelques pièces sans importance déposés à la Mairie, avec le registre, en 1810.

C'est dans cette salle, appelée ***Chambre haute,*** que la compagnie tenait ses séances, et que se donnaient les repas annuels du tir à l'oiseau et de la fête de saint Sébastien.

---

(1) Voir à la fin aux pièces justificatives.

Au-delà de la construction, et entouré d'une haie de charmille, était le jeu de l'arc ; il était composé de deux buttes, l'une située près de la tour qui terminait le jardin à la partie orientale, l'autre touchant au jardin du concierge.

Cette tour tenait aux fortifications de la ville. A ses pieds coulait une source dont on a plus tard détourné le cours et qui porte aujourd'hui le nom de Fontaine du jeu d'arc ; ses bords étaient plantés d'arbres. La tour fut démolie en 1751, et les matériaux adjugés au profit de la compagnie moyennant trois cent soixante livres.

Quant aux arbres formant l'allée conduisant à la salle du jardin, ils furent l'objet de plaintes sérieuses de la part des Religieux de la Charité ; ils prétendaient que leur ombrage projeté sur l'Hôtel-Dieu retardait la guérison des malades. Après la dissolution de la compagnie par le décret de la Convention nationale du 24 avril 1793, promulgué le 2 mars suivant, la municipalité les mit en vente ; les chevaliers s'y opposèrent, alléguant que les arbres appartenaient à la compagnie qui les avait fait planter sur le terrain à elle concédé par lettres-patentes de 1715 ; — On voit, en effet, que le 4 octobre 1716, ils avaient vendu déjà pour quarante-cinq livres d'arbres au bénéfice de la compagnie. — Après bien des débats, les arbres furent vendus trois mille livres au profit de la caisse municipale.

Tir à l'Oiseau.

Le tir à *l'Oiseau* ou au *Rossignol* avait lieu ordinairement le premier mai, à l'issue des vêpres ; la compagnie se réunissait au jardin, pour de là partir, après l'appel fait, tirer l'oiseau. Chaque chevalier portait le plumet, l'épée au côté, l'arc sur l'épaule, et une flèche à la main.

Primitivement, ce n'était pas au jardin que se tirait l'oiseau ; tantôt il était placé au Calvaire de la Porte-Saint-Pierre, tantôt, il était attaché à une perche, près de la Tour du jeu de battoir, tantôt aux *Communes*. Plus tard, en 1720, l'oiseau fut tiré au jardin; on plaça à cet effet, sur le haut du bâtiment, une tige de fer surmontée d'une girouette; quand on voulait tirer l'oiseau, on remplaçait la girouette par le *rosssignol*, et on le tirait du milieu de l'allée. Le sort désignait le rang des chevaliers qui devaient prendre part au tirage.

Le rossignol était un oiseau en bois fixé au haut d'une perche, sur une verge de fer; il fallait, pour l'abattre, lancer une flèche qui le partageât en deux, ou qui le soulevât du pivot.

Quand on devait tirer, la compagnie se rendait chez le roi de l'année précédente, qui était tenu de fournir un oiseau, puis retournait au jardin où l'on faisait la parade, les officiers en sponton.

Celui qui abattait l'oiseau recevait primitivement de chaque chevalier présent ou absent une somme qui, formant un certain capital, devait lui être remise en partie; le reste était consacré à l'entretien du jardin : le vainqueur devait payer un diner à la compagnie. Plus tard, il ne recevait plus que trente sols, mais il était dispensé des frais du repas qui avait lieu après le tirage ; il était nommé **Roi du Jardin** pour l'année, jouisssait de l'exemption du logement, de la taille et de l'ustencile des gens de guerre, exemption accordée par la Ville le 4 juillet 1714, et confirmée par le Roi, comme cela avait été accordé à la compagnie de l'arc de Noyon par un arrêt rendu au Conseil d'Etat le 22 avril 1705; bien plus, un autre arrêt du 3 décembre 1711 exempta de la taille, du logement des gens de guerre et autres subsides, durant toute sa vie, un sieur Mauroy, chevalier de l'arquebuse de Noyon, pour avoir abattu le rossignol pendant trois années consécutives.

En 1718, la compagnie décida qu'une *médaille d'argent* serait donnée à celui qui abattrait l'oiseau, et qu'il la porterait, dans toutes les cérémonies, fixée à la boutonnière par un cordon bleu.

L'heureux chevalier, pour prix de son adresse, était reconduit chez lui par la compagnie en l'équipage accoutumé, tambours battants, l'enseigne déployée et précédé du concierge portant la marque.

Le tir durait deux heures ; il était défendu par l'article IX des statuts de jouer aux cartes pendant le tirage. Si l'oiseau n'était pas abattu, on remettait à un jour déterminé la cérémonie ; le tir avait lieu quelquefois en présence du Maire.

Il se tirait un autre rossignol le dimanche après la fête de Saint-Pierre, mais celui qui abattait l'oiseau ne pouvait prétendre au titre de *Roi*, ni jouir d'aucun des priviléges attachés au tirage du premier mai. Il recevait seulement dix sols de chacun des chevaliers, absent ou présent, tireur ou non.

D'autres prix se tiraient encore depuis le lendemain de Pâques jusqu'au dernier dimanche d'octobre ; la compagnie en donnait six ; le premier était le principal ; le second avait une valeur moitié moindre, et les autres étaient seulement des *verres de cristal,* plus ou moins beaux.

Le tir à l'oiseau donnait lieu quelquefois à des contestations ; ainsi, au mois de juillet 1715, il arriva que le chevalier Bellot ayant touché l'oiseau d'une flèche, celle-ci n'en continua pas moins sa course ; cependant l'oiseau, après plusieurs balancements sur le bout de la perche, tomba perpendiculairement sur le bord d'une muraille au pied de laquelle elle était fixée, et de là dans le fossé ; la compagnie ne trouvant pas que l'oiseau avait été abattu dans les formes voulues, décida qu'il devait être replacé : le sieur Bellot protesta et s'opposa à ce qu'il fût tiré de nouveau. On lui proposa l'arbitrage de plusieurs témoins qui, après examen, jugèrent à propos de s'adresser à de plus compétents.

La compagnie réunie au jardin, le connétable fit la proposition d'envoyer l'oiseau à une compagnie voisine. Bellot y consentit. On mit l'oiseau dans une feuille de papier, après avoir fait un cercle de couleur rouge autour de l'endroit que le chevalier prétendait avoir touché, on le scella du cachet de la compagnie (1) et de celui du sieur Bellot (2), et le connétable l'adressa à Noyon. Le 19 juillet suivant, la compagnie de Noyon assemblée déclara que « l'éclat qui paraissait enlevé à l'aile gauche de l'oiseau, n'était pas la marque d'un trait. » Sur cette décision, le tir fut remis au dimanche suivant.

(1) Ce sceau était aux armes du Roi.
(2) Bellot, portait : *d'azur à trois cannettes d'argent, posées 2 et 1*.

Le chevalier qui abattait l'oiseau n'avait pas toujours de l'argent pour récompense. Souvent les officiers donnaient des prix aux chevaliers. Ainsi, le 20 octobre 1751, le marquis de Soyecourt fit tirer au jardin de l'arc un *Gobelet de vermeil;* il y eut ce soir là un feu d'artifice et un repas splendide.

A la suite du *Te Deum* chanté à Tilloloy en 1770, le marquis donna en prix au plus habile tireur un magnifique *Couvert de vermeil* renfermé dans un étui. Le capitaine Aubert des Avesnes fut l'heureux vainqueur. En 1750, le 6 août, ce capitaine avait lui-même offert au gagnant *un ceinturon brodé en soie, avec un couteau de chasse.*

En dehors des prix offerts par la compagnie, il y avait encore le *Prix de la Ville.*

Le Maire et les Echevins donnaient autrefois un prix à la compagnie ; ainsi on voit, en 1686, la ville offrir un prix de quinze livres aux archers. Cette habitude était tombée en oubli, lorsque le marquis de Surville, sur la plainte des chevaliers, adressa aux Maire et Echevins la lettre suivante : « Messieurs, la compagnie royale des
« chevaliers de l'arc du Roy, à Roye, m'ont représenté
« que de tous tems la Ville donnoit un prix à la compa-
« gnie dont cette année ils ont été privés. Comme je ne
« peux prévoir les raisons qui vous ont engagés à leur
« refuser ledit prix, je crois qu'il convient que vous le leur
« accordiez comme à l'ordinaire, et si vous craigniez que
« l'on pût vous faire difficulté de vous passer dans vos
« comptes ce que ce prix pourroit vous coûter, j'aurai
« soin de donner des ordres pour que cela n'arrive pas.

« Je suis..... Le duc d'Elbeuf. Champien, 16 novembre
« 1718 (1). »

En 1720, la ville offrit aux chevaliers un prix qu'elle continua de donner dans la suite, et qui se tirait avec un certain cérémonial. La compagnie assemblée au son du tambour se réunissait au jardin, puis les chevaliers, l'arc sur l'épaule, les officiers le sponton à la main, se rendaient à la mairie, l'étendard déployé et précédés du concierge. Arrivée à l'Hôtel-de-Ville, la compagnie saluait le corps de Ville assemblé, acceptait le vin d'honneur qui lui était présenté, puis les pantons lui étaient remis. Le Maire prenait place au milieu des deux premiers officiers, les Echevins se tenaient à la droite des premiers chevaliers, les gardes du Gouverneur et le sergent de ville précédaient la compagnie qui se mettait en marche aux sons des tambours et des fifres ; on faisait le tour de la Place du Marché, puis on se rendait au jardin de l'arc. Alors on plaçait les pantons, on fixait la distance, on procédait au tirage des chevaliers, on divisait les tirages et les prix que l'on distinguait par des bandes. Puis on remettait au Maire un arc et une flèche, il tirait le premier ce qu'on appelait le *coup du Roi* ; la partie était alors commencée, chaque chevalier par numéro d'ordre venait tirer. Quand chacun avait lancé le nombre de flèches déterminé, on rapportait les échantillons dans la salle, on les confrontait avec ceux du greffe, puis les chevaliers qui avaient le plus approché du but étaient proclamés vainqueurs. — Une seule fois, il fut dérogé à la

(1) Enregistré aux Registres de la Ville le 7 juin 1719.

coutume d'aller chercher le prix de ville. C'était le 17 juillet 1744, jour d'un service à l'église St.-Florent célébré par l'Evêque d'Amiens, d'Orléans de la Motte. Le corps de Ville qui devait y assister, avait bien voulu *pour cette fois, et sans tirer à conséquence,* affranchir la compagnie de venir chercher les prix. Le Maire et les Echevins les apportèrent au jardin.

Le Prévot de la compagnie tenait un registre sur lequel il inscrivait les noms des chevaliers qui remportaient les prix.

Le tirage terminé, il y avait repas et divertissements.

Prix généraux et Prix provinciaux.

Après ces prix, venaient ceux que les compagnies offraient à leurs voisines, et qu'on désignait sous le titre de *Prix généraux et prix provinciaux.* Ces prix qui donnèrent lieu à des réunions nombreuses, offraient l'occasion de divertissements et de plaisirs en tous genres.

En 1664, la compagnie des archers de Roye étant allée disputer le prix général à Noyon, on dressa un règlement aux termes duquel chaque compagnie était désignée à tour de rôle pour rendre le prix.

Les chevaliers de Roye reçurent de leurs confrères de Villers-Cotterets l'invitation d'assister au prix tiré dans cette Ville le 1er mai 1717 ; la compagnie assemblée décida qu'elle enverrait six tireurs, vota pour leurs frais de voyage et pour ceux de leurs domestiques la somme de cent livres à prendre par le Prévot sur les ressources de la compagnie, mais à la condition que si les chevaliers gagnaient quelque prix, on préleverait sur sa valeur les frais occasionnés par le voyage, et que le surplus serait partagé entre les tireurs.

Le 7 juillet 1715, la compagnie de Roye reçut des chevaliers de l'arc de Noyon la lettre suivante : « Messieurs,
« la paix qui fait renaître les jeux et les plaisirs qui
« sembloient avoir été ensevelis dans les malheurs de la
« dernière guerre, nous donnent l'occasion de réveiller
« MM. les officiers et chevaliers de l'arc de Compiègne
« qui paraissent avoir oublié l'obligation qu'ils ont
« contractée en l'année 1684, en recevant le bouquet du
« Prix général de Ham, de le rendre l'année suivante ;
« nous prenons la liberté de vous faire celle-ci pour vous
« prier de vous joindre à nous pour les tirer de leur as-
« soupissement, et à ces fins de nous marquer que vous
« voulez bien que nous reprenions au nom commun de
« votre compagnie et de celle de nos voisins à qui nous
« écrivons aujourd'hui, les poursuites que nous avons
« commencées avant la déclaration de la dernière guerre,
« pour les contraindre par-devant Messieurs les Maré-
« chaux de France, à représenter le bouquet, et rendre
« ce bouquet l'annnée prochaine chez eux, ou à payer
« une somme de deux mille écus pour être rendu dans un
« lieu qui sera choisi par les compagnies à leurs frais et
« dépens ; nous comptons d'avoir bientôt votre réponse,
« afin d'avoir bientôt le plaisir de nous rassembler et de
« de vous témoigner que nous n'avons pas une plus
« grande inclination que de vous faire sentir que nous
« sommes avec un inviolable attachement, Messieurs,
« vos très-humbles serviteurs, *les officiers et chevaliers,*
« *archers et fusiliers de Noyon.* »

La compagnie de Roye répondit aussitôt avec cette courtoisie dont se piquaient les chevaliers du noble jeu de l'arc. « Messieurs, votre attention à faire succéder aux
« horreurs de la guerre les jeux et les plaisirs fruits
« ordinaires de la paix, a charmé tous nos Messieurs. Un
« si noble dessein pouvoit bien être formé par d'autres
« compagnies, nous croyons devoir cette justice à leur
« zèle pour la cause commune, mais nous ne pouvons
« refuser à la vôtre celle de penser qu'elle seule était
« capable de se charger d'une pareille exécution. Ce que
« vous entreprenez paraîtroit impossible à des esprits
« ordinaires, puisqu'il s'agit de tirer d'un assoupisse-
« ment de trente et une années toute une compagnie. Un
« sommeil de cette durée ressemble tellement à la mort,
« qu'il ne faut pas moins que des chevaliers aussi victo-
« rieux que vous, pour triompher de sa puissance et
« redonner par ce moyen à MM. les officiers et chevaliers
« de l'arc de la ville de Compiègne une nouvelle vie.
« Nous regardons votre victoire si assurée que l'on n'eut
« pas plutôt fait lecture de votre lettre dans l'assemblée
« tenue hier à ce sujet, qu'après qu'on en eut ordonné
« l'enregistrement, il fut unanimement résolu de vous
« marquer que notre compagnie vous étoit sensiblement
« obligée du partage que vous vouliez bien faire avec
« elle de la reconnaissance que vous devront sans doute
« Messieurs de Compiègne et de l'honneur d'avoir contri-
« bué à représenter le bouquet du prix général ; elle
« entre avec toute l'ardeur dont elle est capable dans
« vos vues, et ne s'éloignera jamais de prendre avec vous
« toutes les mesures convenables pour consommer une

« si glorieuse entreprise. Son propre intérêt et encore
« plus la gloire, ces deux puissants motifs qui l'animent,
« vous en sont des garants plus assurés que nos signa-
« tures. Toute la grâce que nous vous demandons est de
« nous faire part de toutes les démarches que vous ferez
« en cette occasion et de celle de MM. de Compiègne ;
« n'attribuez pas cependant à un esprit de défiance les
« intentions que nous souhaitons, elles ne sont que l'ef-
« fet du désir que nous avons de nous former sur un
« aussi bon modèle que vous pour les actions d'éclat.

« Nous devons ce témoignage à la vérité, et vous prions
« d'être persuadés que nous ne le disons jamais avec
« plus de plaisir que lorsque nous vous assurons la par-
« faite union que nous désirons entretenir avec votre
« compagnie, aussi bien que de l'estime et de l'attache-
« ment inviolables avec lesquels nous sommes, Mes-
« sieurs, vos obéissants serviteurs : *les officiers et che-*
« *valiers de la Compagnie de l'arc de Roye.* »

La compagnie de Compiègne répondant enfin à la som-
mation qui lui était faite, envoya un mandat à nos archers
pour les inviter à assister au prix provincial qu'elle
devait faire tirer le 11 juillet 1717.

La compagnie de Roye arrêta qu'elle enverrait à
Compiègne huit tireurs divisés en deux bandes ; elle
mettait en même temps à leur disposition une somme de
cent livres. Il fut permis à tous les officiers et chevaliers
d'y assister.

Les chevaliers députés au tir de Compiègne attirèrent
sur eux l'attention publique, car l'unanimité des voix leur
accorda le bouquet du prix provincial. La compagnie de

Compiègne le leur remit avec tout le cérémonial ordinaire ; puis une partie des officiers vint l'apporter au jardin de l'arc de notre ville. La compagnie assemblée, le connétable assisté de ses officiers l'accepta et promit de le rendre l'année suivante, après que la compagnie de Crespy aurait rendu le prix provincial de Villers-Cotterets. Aussitôt après, la compagnie monta à cheval et précédée de ses tambours alla présenter le bouquet au Corps de ville réuni à la mairie ; puis elle se remit en marche et se dirigea vers l'église Saint-Pierre ; le lieutenant Turpin ayant présenté le bouquet à la bénédiction de l'aumônier, le déposa quand il fut bénit sur l'autel près de l'image de saint Sébastien, patron de la compagnie.

Plus tard, les officiers et chevaliers de l'arc de Compiègne invitèrent la compagnie du jardin de Roye à assister au prix général qu'ils se proposaient de faire tirer le 20 mars 1718. La compagnie résolut de se rendre à Compiègne au nombre de trente, et afin d'y paraître avec éclat, on décida d'exiger l'uniforme ; on imposa une somme de douze livres sur chaque officier et chevalier, on fit réparer l'étendard, on procéda à sa bénédiction, et, le jour dit, on se rendit à Compiègne.

Les fêtes furent brillantes, nous devons constater toutefois que nos chevaliers ne remportèrent aucun prix.

La compagnie de Compiègne délivra le prix général à celle de Crespy ; cet acte donna lieu à une vive opposition de la part des compagnies présentes ; car, aux termes du règlement fait à Noyon en 1664, le prix devait être accordé à l'une des villes de Picardie qui s'y était rencontrée. C'était là une violation du règlement, aussi la compagnie de Roye donna les pouvoirs nécessaires au sieur Cabaille pour obtenir réparation de cette injustice ; elle décida en outre qu'on écrirait aux compagnies de Saint-Quentin, de Lafère, de Chauny, de Nesle, de Pont et autres afin d'avoir copie de l'opposition inscrite aux registres de la compagnie de Compiègne, pour ensuite se pourvoir au Conseil et obtenir un règlement. Le lieutenant Cabaille écrivit au marquis de Surville qui, comprenant l'injure faite à sa compagnie et à toute la Picardie, devait employer tout son crédit prés du duc d'Elbeuf et du prince Charles pour la faire réparer ; le marquis regrettait de n'avoir pu se trouver à Compiègne avec la compagnie, il aurait engagé le major à faire donner le bouquet à une autre ville.

Nous ne savons quelle solution eut cette affaire ; car il fallut que l'on s'occupât bientôt de rendre le prix provincial.

La compagnie décida qu'elle le rendrait le 20 août 1719 ; elle voulut donner à cette fête un éclat tout particulier ; pour fournir aux frais, elle décida une subvention de dix livres par officier et par chevalier. Mais, pour rendre le prix provincial, il fallait une autorisation de M. le duc d'Elbeuf, gouverneur de la province. La compagnie s'adressa donc à Son Altesse qui daigna accorder la permission suivante :

« Charles de Lorraine, grand écuyer de France,
« lieutenant-général des armées du Roy, gouverneur et
« lieutenant-général pour Sa Majesté en ses provinces de
« Picardie, Artois, Boulonnais, Haynault, Pays conquis

« et reconquis, et gouverneur particulier des ville et cita-
« delle de Montreuil-sur-Mer : sçavoir faisons que sur ce
« qui nous a été représenté par Messieurs de la compa-
« gnie royale de l'arc établie dans la ville de Roye dépen-
« dante de notre gouvernement, qu'elle fut honorée en
« mil-sept-cent-dix-sept du prix provincial de Compiègne
« par les compagnies qui s'y trouvèrent, et comme elle
« se trouve aujourd'hui sollicitée par lesdites compagnies
« de remplir ses obligations à cet égard. Pour ces causes
« et autres considérations avons permis et permettons à
« ladite compagnie royale de l'arc de la ville de Roye de
« s'assembler et les autres compagnies voisines avec
« lesquelles elles ont contracté pour rendre ce prix sui-
« vant leur ancien usage et manière accoutumée. En foy
« de quoy nous avons signé ces présentes et fait contre-
« signer par le secrétaire de nos commandements, et
« avons fait apposer le cachet et sceau de nos armes.
« Données à Paris le quatrième jour de juillet mil-
« sept-cent-dix-neuf.

Signé : le Prince CHARLES DE LORRAINE.

Et plus bas, pour son A. Monseigneur : NOEL.

A côté est imprimé le sceau dudit seigneur.

Aussitôt cette permission obtenue, la compagnie se mit en mesure pour faire ses invitations aux compagnies de Montdidier, Pont-Sainte-Maxence, Senlis, Crespy-en-Valois, Compiègne, Villers-Cotterets, Chauny, Soissons, Noyon, Laon, Lafère, Ham, Nesle, Saint-Quentin, Montreuil-sur-Mer, Auxi-le-Château. Elle adressa à toutes les compagnies de ces villes, la lettre suivante :

« Messieurs les Officiers et Chevaliers de la compagnie de l'arc de...

« L'obligation que nous contractâmes envers vous en 1717, par l'acceptation du bouquet du prix provincial de Compiègne dont les compagnies voulurent bien nous honorer, est un engagement qui nous est trop précieux pour différer plus longtemps à nous en acquitter.

« Il n'a pas tenu à notre compagnie de remplir plus tôt ce devoir, elle s'était proposé les fêtes de la Pentecôte pour rendre ce prix, mais la permission qui lui était nécessaire pour assembler les compagnies ne lui fut remise que le six de ce mois, par ordre de Monseigneur le Prince Charles de Lorraine aux volontés duquel elle se trouve obligée de se conformer.

« Le temps pour rendre ce prix sera donc vers la fin d'août ; nous espérons que cette saison, dont le choix n'a pas dépendu de nous, ne vous sera pas moins agréable par les différentes commodités qu'elle procure, plutôt qu'aucune autre, et que vous trouverez du dédommagement de ce retard dans la présence des personnes distinguées par leur naissance et par les charges qu'elles possèdent dans l'Etat, dont cette fête sera honorée ; nous vous prions de nous rendre un reçu de la présente, si elle sera agréée de notre compagnie et à quel nombre vous pourrez venir, afin que nous prenions nos arrangements pour tâcher de répondre à l'honneur que vous nous ferez, nous aurons cependant celui de vous adresser sous peu nos mandats à cet effet.

« Nous avons l'honneur d'être avec tous les sentiments d'estime et de considération qui vous sont dus, Messieurs, nos très-chers et honorés Confrères, vos très-humbles et très-obéissants serviteurs.

« Signé : Turpin, lieutenant et Roi, Caballe, sous-lieutenant, Longuet, enseigne, Dhervilly, Boulanger, Quetin et Delarive, chevaliers.

« Roye, ce huit juillet 1719. »

Quelques jours après la compagnie de l'arc adressa le mandat suivant :

Prix provincial du jardin royal de l'arc de la ville de Roye.

« Par permission de Son Altesse Monseigneur le Prince
« Charles de Lorraine, grand écuyer de France, lieute-
« nant-général des armées du Roy, gouverneur et
« lieutenant-général pour Sa Majesté en ses provinces de
« Picardie, Artois, Boulonnais, Haynault, Pays conquis
« et reconquis, et gouverneur particulier des ville et
« citadelle de Montreuil-sur-Mer.

« Messieurs,

« Pendant que le temple de Thémis est fermé, que Cérès donne
« encore de l'occupation aux moissonneurs à la campagne, que
« Bacchus retarde la vendange pour la rendre plus abondante, que
« Bellone éloignée de nos climats, nous laisse goûter les douceurs
« de la saison autant que dans la plus profonde paix, que Phébus au
« signe du Lion nous promet de beaux jours, que tout enfin semble
« inviter au plaisir et à la joye, quel temps plus libre et plus favo-
« rable pouvons-nous souhaiter pour représenter à d'illustres
« Confrères le bouquet dont ils nous ont honorés, que celui qui vient
« s'offrir naturellement de luy-même ; nous sçavons, Messieurs, que
« l'exercice de l'arc vous plaît, nous ne sommes pas moins instruits
« de l'adresse qui vous y fait exceller, permettez-nous donc de vous
« assigner chez nous un champ qui serve également à notre diver-
« tissement et à votre gloire ; plus le nombre des concurrents sera
« grand plus notre jeu se multipliera, et si votre émulation en est
« augmentée, votre gloire n'en deviendra que plus éclatante. Venez

« donc, Messieurs, venez, hâtez-vous de satisfaire l'extrême impa-
« tience que nous avons de vous posséder icy, où tout est disposé
« pour vous recevoir, et où nous vous attendons pour vous embras-
« ser, et vous assurer que nous sommes très-parfaitement, Messieurs,
« vos très-humbles et très-obéissants serviteurs et Confrères.

« Turpin, lieutenant et Roi, etc.

« Roye, 31 juillet. »

Ordre et conditions sous lesquelles ce prix sera tiré.

1° Le prix sera tiré dans les buts de notre jardin royal, par les bandes qui seront composées de quatre jusqu'à huit, d'un même serment, suivies de leurs tambours et drapeaux joints à leur compagnie.

2° Il sera tiré les deux pantons et deux marmots ; chaque chevalier tirera autant de coups qu'il sera arrêté par les officiers et députés de chacune des compagnies, et les prix seront réglés par lesdits officiers et députés.

3° Aucun chevalier ne pourra tirer audit prix qu'il ne soit de la religion catholique, apostolique et romaine, reçu un mois avant la réception du présent mandat, à peine de perdre son coup et d'amende arbitraire.

4° Ne pourront sous les mêmes peines aucun chevalier tirer que leurs arcs ou flèches ne soient encornées ou ferrées par les bouts, il sera libre de ne pas se servir de brassards, gants ou doigtiers; la tête sera couverte.

5° Entre les coups égaux, le dessus emportera le dessous, le dessous le côté droit, et le côté droit le gauche, les mesures seront prises par les sieurs députés, et les différents par eux jugés en dernier ressort.

6° La valeur des flèches sera fixée par les officiers et

députés ; la distribution des prix se fera à proportion des chevaliers qui s'y trouveront.

7° La réception des compagnies se fera depuis cinq heures du matin jusqu'à huit heures du soir le 20 août ; les sieurs officiers et députés sont priés, aussitôt les compagnies arrivées, de se trouver en la salle de notre jardin pour régler les prix et statuer sur la valeur des flèches, l'ordre de la marche et du tirage.

8° Les compagnies se trouveront le lendemain, lundy au matin, sur la Place de cette Ville, en fusil autant que faire se pourra, ou avec l'arc, pour la commodité et satisfaction d'un chacun, suivies de leurs drapeaux, étendards et tambours, et de là assisteront à la messe qui se chantera ledit jour en l'église paroissiale.

9° Vers une heure, après la sortie de la messe, chaque compagnie se trouvera sur la même Place, en même équipage, pour faire parade, et aller prendre Monsieur le marquis de Surville ou, en son absence, la personne qui représentera Son Altesse Monseigneur le Prince Charles de Lorraine, notre gouverneur, à l'effet de tirer le coup du Roy.

10° Le bouquet sera donné à la pluralité des voix et suivant la délibération desdits sieurs officiers et députés.

« La longueur de notre jeu contient d'un bout à l'autre trente-trois toises et deux pieds, et du pas, trente et une toises et quatre pieds. »

« Faites-nous réponse au plus tôt, s'il vous plait ; marquez-nous si vous nous honorerez de votre présence et en quel nombre vous viendrez, afin de vous disposer des logements convenables. »

Aussitôt les invitations faites, la compagnie décida que tous les chevaliers et officiers pourraient prendre part au tirage du prix provincial, et qu'il était important pour tous de s'exercer jusque là. Elle s'occupa aussi de la manière dont seraient reçues les compagnies qui assisteraient au prix, et résolut qu'elle se rendrait à cheval au-devant d'elles au fur et à mesure de leur arrivée ; les chevaliers seraient sans le fusil, équipés seulement à la manière accoutumée. On rendit obligatoire pour tous de se rendre le 20 août au jardin pour la parade, et d'assister à la réception, sous peine de soixante sols d'amende.

Le lendemain arrivèrent des détachements des compagnies de Nesle, de Noyon, de Compiègne et de St-Quentin.

La compagnie de Nesle, ayant à sa tête deux porte-palettes et deux tambours, se présenta la première ; les chevaliers en uniforme portaient sur l'épaule un nœud de rubans rouges crépinés d'argent, ils avaient un plumet bleu au chapeau avec une cocarde blanche. Au milieu de la compagnie flottait son étendard blanc sur lequel on voyait l'image de saint Sébastien et les armes de la Ville qui étaient : *de gueules à deux bars adossés d'or, le champ semé de fleurs de trèfle.*

Un peloton se détacha pour conduire au jardin les chevaliers de Nesle, tandis que le reste de notre compagnie se porta au-devant des envoyés de Noyon, dont on voyait au loin flotter le drapeau blanc. Leur entrée en ville fut magnifique ; leur uniforme rouge, le plumet blanc se balançant sur leurs chapeaux brodés, leur étendard armorié et aussi brodé d'or, produisaient le plus bel effet.

Enfin arrivèrent successivement les archers de Saint-Quentin avec leurs habits écarlates et leurs bas rouges ; puis ceux de Compiègne.

Les compagnies réunies sur la Place du Marché se rendirent alors au jardin, précédées des tambours, des fifres, des violons de tous les détachements. La ville entière était sur pied. Le son de toutes les cloches annonça la fête, et des détonations de fauconneaux saluèrent les compagnies lorsqu'elles défilèrent sur la Place.

Arrivés au jardin de l'arc, les délégués acceptèrent les rafraîchissements qui leur furent offerts. Puis la compagnie de Roye s'étant assemblée dans la salle haute du jardin, appela les tireurs désignés dans chaque compagnie, afin de rédiger un règlement pour le tirage.

Les tireurs réunis au nombre de trente-six, arrêtèrent de concert avec notre compagnie, les conditions suivantes :

1° Que chaque flèche serait de six livres, les trente-six réunies formeraient la somme de deux cents six livres.

2° Que cette somme serait répartie sur les prix et sur les deux marmots de la manière suivante : savoir, pour le premier prix, cinquante-six livres ; pour le deuxième, quarante-six livres ; pour le troisième, trente-six livres ; pour le quatrième, vingt-huit livres ; pour le cinquième, vingt-trois livres ; pour le sixième, quinze livres ; et pour les deux marmots de chacun six livres.

3° Que chaque officier et chaque chevalier tireront seize coups en huit allées, mais qu'ils seront obligés, avant le tirage, de se faire inscrire au greffe du jardin, sous peine de voir leurs coups déclarés nuls.

4° Que chaque tireur sera tenu de ne pas surpasser le pas du tirage ordinaire, et d'observer les règlements du mandat sous les peines imposées par les statuts.

Ce réglement ayant été accepté et signé, on procéda au tirage au sort, pour savoir le rang qu'occuperait chaque compagnie lors du tir.

La compagnie de Roye, composée de quatorze tireurs, fut, selon l'usage, désignée pour tirer la première, la quatrième bande pour cinq coups, la huitième pour quatre.

La compagnie de Noyon, au nombre de trois tireurs, pour seconde bande.

La compagnie de Compiègne, au nombre de dix tireurs, tomba aux troisième et septième bandes.

Celle de Nesle, composée de trois tireurs, à la cinquième bande.

Celle de Saint-Quentin qui fournissait six tireurs, fut désignée pour la sixième bande.

Tout étant ainsi réglé et arrêté, les compagnies furent reconduites dans leur hôtel, en se donnant rendez-vous pour le lendemain.

Dès le matin, les tambours parcouraient les rues appelant sous les armes les compagnies.

Partout régnait la plus grande agitation, la foule avait revêtu ses habits de fête, et la ville présentait une animation inaccoutumée.

Les compagnies réunies sur la Place se rendirent à l'église Saint-Florent pour entendre la messe ; l'office terminé, les députés se réunirent de nouveau pour aller au-devant du marquis de Surville, lieutenant-général des armées du Roi, alors capitaine de l'arc de Roye, qui demeurait à Champien.

Un détachement composé des compagnies de Compiégne, de Saint-Quentin, de Noyon, de Nesle et de Roye, monta à cheval et sortit par la Porte Saint-Pierre pour se rendre sur le chemin par lequel il devait arriver.

Bientôt on aperçut un carosse suivi de plusieurs voitures renfermant des dames de distinction et un grand nombre de seigneurs. Le Marquis était revêtu de l'habit d'ordonnance de capitaine ; l'escorte, l'épée à la main salua son chef, et accompagna les voitures jusqu'à la porte du jardin.

Toutes les compagnies réunies sous les armes en avant de la porte, les drapeaux déployés, saluèrent le capitaine; les tambours battirent aux champs ; le Marquis répondit à ces démonstrations avec la plus aimable courtoisie. Le capitaine et sa suite étant entrés dans le jardin, le Maire et les Echevins suivis de leurs sergents et de leurs gardes vinrent le complimenter; le maire Gaudefroy porta la parole. Après le discours, les magistrats montèrent à la Chambre-haute, où les officiers offrirent au Marquis le vin d'honneur.

Puis le capitaine mettant l'épée à la main, passa l'inspection des compagnies rangées sur deux rangs et fit faire la parade ; aussitôt après, les officiers et tous les chevaliers réunis, portant leurs étendards, se mirent en marche précédés des tambours, violons, fifres et hautbois, pour se rendre à l'Hôtel de la Mairie chercher les pantons qui furent portés au jardin, et placés dans les buts avec toutes les cérémonies accoutumées. Alors le Marquis, tant au nom du Roi qu'en sa qualité de capitaine, tira le premier coup sur chaque panton, au son des tambours et de la musique, toutes les compagnies étant rangées en haie près de l'allée du tirage.

La compagnie de Roye ayant à sa tête le chevalier de Surville, cornette, commença le tirage par sa première bande ; les autres bandes continuèrent, à tour de rôle, jusqu'à la chute du jour.

Le marquis de Surville, accompagné des personnes de sa suite, prit alors congé des compagnies pour retourner à son château de Champien. En se retirant, il manifesta toute sa satisfaction pour la manière dont la cérémonie s'était passée, pour l'attention que l'on avait eu de faire offrir des rafraîchissements et pour le bon ordre qui n'avait cessé de régner. Un détachement lui servit d'escorte jusqu'à la sortie de la ville.

Après le départ du capitaine, les pantons furent retirés des buts, cachetés du sceau du Maire et des officiers des compagnies, puis déposés à l'Hôtel-de-Ville.

Le lendemain, à sept heures du matin, les compagnies se rendirent en armes au jardin, pour de là aller chercher les pantons qui furent rapportés au jardin avec les cérémonies ordinaires ; les cachets examinés et reconnus intacts ; les pantons furent replacés, et le tirage continua.

Lorsque toutes les compagnies eurent tiré, les pantons furent apportés dans la salle du jardin où se réunirent les officiers pour procéder à la distribution des prix qui furent répartis de la manière suivante :

Le premier panton fut gagné par Roye.

Le deuxième, par Compiègne.

Le troisième prix, par Saint-Quentin.
Le quatrième, par Nesle.
Le cinquième, par Compiègne.
Le sixième, par Nesle.
Et les deux marmots par la compagnie de Roye.

Les prix ayant été distribués, on alla aux voix pour savoir à quelle compagnie serait délivré le bouquet provincial.

Le lieutenant Turpin ayant recueilli les suffrages, celle de Saint-Quentin fut unanimement désignée pour cet honneur.

Cette compagnie accepta avec empressement le bouquet et s'engagea à le rendre dans le temps indiqué. Puis, toutes les compagnies sous les armes se rendirent à l'hôtel du Maire, qui remit aux officiers de Saint-Quentin le bouquet provincial.

Après le repas, auquel furent invitées toutes les compagnies, les députés prirent congé des chevaliers de Roye; et le lieutenant Turpin, le sous-lieutenant Caballie et le chevalier Billecocq furent désignés pour accompagner le bouquet jusqu'à Saint-Quentin.

A leur arrivée dans cette ville, la compagnie entière des archers vint recevoir le détachement; et le bouquet, porté par les officiers, fut déposé à l'Hôtel-de-Ville avec tout le cérémonial accoutumé.

Tel fut le prix provincial rendu à Roye; l'éclat et la magnificence des fêtes firent le plus grand honneur à ceux qui les avaient organisées.

Le 8 septembre 1744, la compagnie de Roye reçut un mandat de celle de Soissons, pour assister au tir qui devait avoir lieu à Vic-sur-Aisne. Elle accepta l'invitation, envoya quinze tireurs et prit les mesures nécessaires pour pourvoir à leurs besoins.

Enfin, le 2 mai 1790, les officiers de la compagnie de l'arc de Boulogne-la-Grasse adressèrent aussi une invitation à leurs confrères de Roye (1).

Cette lettre est assez curieuse pour être rapportée :

Prix général du noble jeu de l'arc de Boulogne-la-Grasse en Picardie, près de Montdidier et Roye, qui se rendra le jour de la Pentecôte, 23 mai 1790, sous les auspices de M. de Bains, grand prévôt de la connétablie, inspecteur-général de la maréchaussée de l'Isle de France, chevalier de l'ordre royal et militaire de saint Louis, maire de Boulogne.

« Messieurs et chers Confrères,

» Si, dans toutes les circonstances, les compagnies de l'arc, dont
» l'origine se perd dans l'antiquité, se sont fait un devoir de se don-
» ner des marques d'estime, d'union et de fraternité, l'heureuse
» révolution de la France semble annoncer plus que jamais combien
» il est honorable pour elles de pouvoir donner l'exemple de l'amitié,
» de la concorde et de la bonne intelligence.

» C'est, Messieurs, sous cette heureuse considération que nous
» avons l'honneur de vous inviter à venir vous joindre à nous pour,
» par l'intercession de notre illustre patron saint Sébastien, implo-
» rer la miséricorde de Dieu pour la tranquilité et la prospérité de
» la France.

» Après avoir rendu à la suprême et divine Majesté ce que nous
» lui devons comme bons chrétiens, nous vous proposerons nos

(1) Boulogne-la-Grasse, célèbre par l'entrevue du pape Léon X avec François Ier, en 1515, était en partie du ressort du bailliage de Roye.

» amusements communs, en ouvrant une carrière à votre adresse et
» à votre dextérité, que nous admirerons avec autant de satisfaction
» que nous aurons de joie de les couronner. En attendant l'honneur
« de vous voir, nous sommes respectueusement, Messieurs et
» chers Confrères, vos très-humbles et très-obéissants serviteurs, les
» officiers et chevaliers de l'arc de la compagnie de Boulogne.

» Pour tous : Mouret, capitaine.

» Arrêté au jardin de l'arc de Boulogne le deuxième jour de mai
» 1790 par ordre de la Compagnie.

Havard, greffier-secrétaire.

» *P. S.* Aucun chevalier ne sera admis à la parade et au tirage, s'il n'est décoré d'une cocarde nationale.

» La messe se dira à neuf heures très-précises. Les compagnies seront reçues depuis le soleil levant jusqu'à la messe.

» Le prix sera réglé et tiré suivant les réglements imprimés à Soissons sous les ordres de M. l'Abbé de Saint-Médard de la même ville, et l'usage de la ronde où se trouve la paroisse de Boulogne.

» L'ordre que chaque chevalier doit tenir sera affiché dans les deux buttes, comme la forme du tirage.

» Les difficultés, si aucunes se levaient, seront jugées en dernier ressort par six députés, qui seront choisis par les compagnies ; les mêmes députés feront l'assiette et la répartition du prix.

» Il y aura gratis deux beaux gobelets d'argent à pied, pour le premier coup de chaque panton » (1).

---

(1) Il existe encore à Boulogne une compagnie de l'arc régie par les mêmes statuts ; en 1862, les chevaliers ont fait tirer un prix, le bouquet a été accordé à la compagnie de Tilloloy, qui, à son tour, le rendit à celle de Marquivillers. A l'occasion de cette dernière cérémonie, M. le curé Gosselin prononça un discours de circonstance dans lequel il retrace l'histoire et les usages particuliers des archers de sa commune et qui a laissé dans l'esprit de ses auditeurs la plus heureuse impression.

Malgré cette pressante invitation, la compagnie de Roye ne put se rendre à Boulogne, et le prévot fut chargé d'exprimer tous ses regrets.

Toutes les compagnies de l'arc du bailliage reconnaissent celle de Roye pour souveraine.

Toutes les compagnies de jeu d'arc établies dans les communes du bailliage de Roye, relevaient du jardin des archers de cette ville. Elles ne pouvaient se constituer sans l'autorisation de la compagnie royale.

Le 19 avril 1718, nous voyons le connétable et les officiers de la compagnie de Margny (établie depuis un temps immémorial), venir se soumettre et la reconnaître pour souveraine.

Devant la compagnie de Roye assemblée en son jardin, les confrères de Margny promettent de suivre et d'exécuter toutes les ordonnances, réglements et mandements qui lui seront envoyés par la compagnie; ils s'engagent à porter devant elle, par appel, tous leurs différents et leurs contestations, pour être décidé souverainement et en dernier ressort; ils s'obligent à se rendre au jardin toutes les fois qu'ils y seront mandés, et à ne recevoir, rendre ou donner aucun bouquet de tels villages circonvoisins ou éloignés que ce soit, avant d'avoir au préalable la permission de la compagnie de Roye.

Le 29 août 1723, des habitants de Dancourt vinrent demander l'autorisation d'établir dans leur commune un jardin de l'arc. Les officiers et les chevaliers délégués, après avoir prêté serment, jurèrent d'exécuter les ordres qui pourraient leur être donnés par la compagnie de Roye qu'ils reconnaissent comme suprême.

La compagnie royale leur donna des statuts en dix-huit articles qui rappellent ceux qui furent octroyés par l'Abbé de Pomponne; nous y remarquons les articles suivants :

« Article 4. — Celui qui voudra entrer dans la compagnie en suppliera le capitaine et en son absence le premier officier en la présence duquel et de cinq archers au moins, la main posée sur l'arc et les flèches, il jurera solennellement l'observation des présents statuts.

« Article 13. — Il est défendu de tirer les dimanches et fêtes pendant le service divin; le tirage est aussi interdit le jour de l'Ascension, de la Trinité, de la Fête-Dieu, de celles de la Vierge et de saint Sébastien.

« Article 14. — Tous les ans, le premier jour de may, sera tiré un prix entre les officiers et archers de la compagnie seulement, lequel sera gagné par celui qui aura fait le coup le plus près de la broche du milieu et sera nommé roy de la compagnie; en cette qualité il marchera seul après les officiers dans les cérémonies, à la tête des archers.

« Article 17. — Tous les ans, au sortir du service de saint Sébastien, le prévot fera lecture à haute voix des présents statuts à tous les officiers et archers assemblés, et tiendra la main à leur exécution. »

La compagnie du jardin de l'arc de Roye, frappée par le

décret de la Convention nationale, fut dispersée. Elle ne se releva pas depuis ; elle avait duré plus d'un siècle (1684 à 1790).

Le jardin de l'arc fut comblé et nivelé, son nom seul s'est conservé.

PIÈCES JUSTIFICATIVES.

Registre de la Confrairie de St.-Sébastien du noble jeu de l'arq establi en la ville de Roye, commencé au lendemain de St.-Sébastien mil sept cens douze.

Inventaire de tous les titres et papiers concernant la Compagnie de l'arc établie en la ville de Roye.

1º Les statuts de ladite compagnie faits et rédigés sur parchemin par les anciens officiers et chevaliers d'icelle avec leurs signatures aposées au bas, en date de mil cinq cent quatre-vingt-dix-neuf.

2º Une sentence rendue par Mᵉ Gabriel Conet, lieutenant général au bailliage et gouvernement de Roye, portant permission d'établir une confrérie en la paroisse de Saint-Gilles sur le consentement de M. le Procureur du Roi, des sieurs Doyen, Chanoines et Chapitre de Roye, et la permission à eux accordée par Messieurs de la Connétablie de l'arc établie en la ville de Soissons, aux charges et conditions portées en ladite sentence datée du dix-neuf avril mil cinq cent quatre-vingt.

3º Un compte rendu par Mᵉ Louis Prévot, notaire royal et procureur à Roye, en qualité de prévot de la compagnie de l'arbalette, qui ne fait à présent qu'un seul et même corps avec celle de l'arc, dans lequel est fait recette d'une vire esmayée et non ateintée qui est à prendre sur la maison appartenant à la dame Devaux, située rue des Arbalétriers, près le rempart, le dit compte en date du sixième juin mil six cent dix.

4° Une sentence rendue par Me Jean de Fricques, lieutenant en la prevoté de Roye, au profit de Gabriel Leblanc, prévot de la connétablie de l'arc, demandant contre Antoine Cornu et autres y dénommés, chevaliers de ladite compagnie, portant condamnation de payer les sommes y portées, en datte du dix-neuf janvier mil six cent dix-neuf.

5° Pareille sentence de condamnation obtenue du même juge par ledit sieur Leblanc, en sa qualité de prévot, contre Jean Lefeuvre et et autres aussi chevaliers, dattée du neuf mars mil six cent dix-neuf.

6° Un quatrain du sieur Jean de Fricques fait en l'honneur des chevaliers de l'arbalette de Roye.

7° Un contrat d'échange fait entre les chevaliers arbalétriers de Roye et les dames religieuses Annonciades de Roye, par lequel lesdits chevaliers cèdent le jardin de l'arbalette, et lesdites religieuses baillent en échange le jardin et place attenant à la maison de la dame Devaux, pour lors appartenant au sieur Bellot, à la charge entre autres choses de payer par lesdites dames aux chevaliers de l'arbalette quarante-huit sols de censive au jour de Quasimodo, et sans préjudice à une vire qu'ils ont à prendre sur la maison dudit sieur Bellot le jour du Saint-Sacrement, ledit contrat passé pardevant MM. Lagoul et Caddé notaires, la minute demeurée audit Caddé, Me Joseph Thoquesne en est à présent dépositaire. Ledit contrat du dix-sept mars mil six cent vingt-neuf.

8° Un dossier contenant six pièces de procédure faites contre Me Florent Gouillart, propriétaire de la maison dudit sieur Bellot, au sujet de la vire à percevoir sur icelle maison au jour dont est cy devant parlé, à la requête des chevaliers de l'arbalette. La première pièce dattée du huitième juin mil six cent trente-cinq et la dernière du deuxième octobre audit an.

9° Un acte passé pardevant Me Louis Hérissier, notaire, concernant le rétablissement de la compagnie de l'arc dont l'exercice avait été interrompu à cause des guerres dont la province de Picardie avait été accablée pendant plusieurs années, lequel acte règle le droit d'entrée dans ladite compagnie à vingt-deux livres et est signé de Soucanye, Hannicque, Turpin, Butin et autres, en date du neuvième juillet mil six cent quatre-vingt-trois.

10° Un acte de délibération faite par la compagnie de l'arc portant pouvoir à Mᵉ Pierre Prévot, l'un des chevaliers, d'acheter la grange qui est au bout de l'ancien jardin de l'arbalette pour le rendre en longueur suffisante pour le tirage de l'arc, lequel acte nomme la personne de Mᵒ Louis Hérissier pour secrétaire de la compagnie, et est datté du sixième juillet mil six cent quatre-vingt-trois.

11° Une signification par Carpentier, huissier, à la requête de Mᵉ Charles Billiart, chanoine de Saint-Florent de Roye, par lequel il déclare qu'il n'entend plus être du nombre des chevaliers de l'arc, ladite signification dattée du vingt-septième juillet mil six cent quatre-vingt-trois.

12° Un acte portant donation faite par MM. les Maires et Echevins de la ville de Roye au profit de la compagnie de l'arc du fossé où est actuellement construit leur jardin, de la tour où le concierge fait sa demeure et de la chambre qui est au-dessus de la porte de Paris, ledit acte signé Hérissier, greffier de ville, du quinze septembre mil six cent quatre-vingt-six, au bas duquel est le consentement de M. le marquis d'Hocquincourt, gouverneur de Roye, en datte du vingt-quatre septembre audit an.

13° Un autre acte portant la nomination des officiers de ladite compagnie de l'arc, qui règle le rang des chevaliers qui la composent, procède à la nomination d'un prévot, et autres choses pour le bien de ladite compagnie, datté du huit avril mil six cent quatre-vingt-sept.

14° Une sentence rendue au bailliage de Roye portant omologation de l'acte du neuf juillet mil six cent quatre-vingt-trois dont est cy-dessus parlé, et qui permet en conséquence aux officiers et chevaliers de s'assembler ainsi que les compagnies des villes, en datte du neuf septembre mil six cent quatre-vingt-sept.

15° Un mémoire du sieur Longuet, prévot, concernant les receptes par lui faites en ladite qualité, ensemble lesdites dépenses, ledit mémoire datté du huit avril mil six cent quatre-vingt-sept.

16° Un dossier de procédures contenant dix-sept pièces faites à la requête des chevaliers de l'arbalette contre les religieuses Annonciades de cette ville au sujet d'une censive de quarante-huit sols par an qu'elles doivent auxdits sieurs arbalétriers le jour de Quasimodo; la première pièce dattée du vingt-sept juillet mil six cent quatre-vingt-huit et la deuxième du onzième janvier mil six cent quatre-vingt et neuf.

17° Un autre dossier aussi de procédures faites à la requête desdits sieurs chevaliers arbalétriers contre les sieur et dame Devaux, au sujet de la vire émayée et non ateintée qui est à prendre ou à percevoir sur leur maison le jour du Saint-Sacrement, ladite maison située rue des Arbalétriers, attenante au rempart, lequel dossier contient sept pièces, la première en date du vingt-quatre mars mil six cent quatre-vingt-neuf et la dernière sans datte est une copie de l'avertissement de droit fait par lesdits sieurs chevaliers de l'arbalette.

18° Un acte du premier mars mil sept cent seize portant destitution de la personne du nommé Petit Jean, concierge du Jardin, et de la nomination de celle de Pierre Bourbier pour occuper ladite place.

19° Un registre couvert de parchemin contenant seize feuillets dans lequel sont plusieurs actes concernant la compagnie, le premier du premier may mil six cent quatre-vingt-sept est la réception des sieurs Dumont et Vallois, et le dernier la nomination du sieur François-Antoine Cabaille, l'un des chevaliers, pour faire la charge de prévot, dattée du vingt-cinq janvier mil sept cent douze.

20° Un compte rendu par le chevalier Morlet l'aîné, en qualité de prévot de la compagnie, des receptes et mises par lui faites pendant l'exercice de sa charge, avec les pièces justificatives d'iceluy, en datte du troisième mars mil sept cent neuf.

21° Un compte rendu par le chevalier Boitel l'aîné, en qualité aussi de prévot, contenant les receptes mises et remises par luy faites avec les pièces justificatives dudit compte datté du vingt-cinq janvier mil sept cent douze.

22° Un petit livret imprimé contenant les réjouissances faites par la compagnie du jeu de l'arc établi en la ville de Noyon au sujet de la naissance de Monseigneur le duc de Bretagne, en datte du dixième aoust mil sept cent quatre.

23° Une copie en papier de l'arrêt du Conseil d'Etat du Roy rendu en faveur de la compagnie de l'arc dudit Noyon, portant exemption de tailles et de logement des gens de guerre pour celuy qui abattra le rossignol, et ce pendant une année, ledit arrêt datté du vingt-deux avril mil sept cent et cinq.

24° Une copie imprimée d'un autre arrêt du Conseil d'Etat du Roy portant exemption de tailles, logement de gens de guerre et autres subsides en faveur du sieur Mauroy, chevalier de l'arquebuse de Noyon, sa vie durant, pour avoir abattu le rossignol pendant trois années consécutives, en datte du vingt-deux août mil sept cent onze. Lettres patentes du troisième octobre audit an, enregistrement en la Cour des aides du troisième décembre mil sept cent onze, pareil enregistrement en l'Élection du seizième décembre audit an, signification de tout ce que dessus aux maire et échevins dudit Noyon du vingt-trois décembre mil sept cent onze.

25° Un compte rendu par le chevalier François-Antoine Cabaillé, en qualité de prévot de la compagnie, des recettes et des mises par lui faites pendant l'exercice de sa charge, avec les pièces justificatives des dépenses en datte du vingt janvier mil sept cent et treize.

26° Une sentence rendue au bailliage portant omologation de l'acte du rétablisement de la compagnie des arbalétriers en date du vingt-quatre septembre mil six cent quatre-vingt et sept, ladite sentence dattée du trente juin mil six cent quatre-vingt-huit et délivrée le vingt et un octobre mil sept cent douze. Signé Lequeux.

27° Une ratification des religieuses Annonciades de Roye pour les 48 sols de censive portés au contrat d'échange, ladite ratification reçue par Prévost, notaire, et signée de lui, en datte du treize juillet mil sept cent quinze.

28° Un bail fait par les anciens chevaliers et arbalétriers de leur jardin situé près de la dame Devaux à Ancelot Cavé, ledit bail reçu par Me Louis Billecocq l'aîné le dix février mil six cent cinquante-cinq, dont M. Louis Thoquesne est dépositaire comme ayant acquis l'office et pratique dudit Me Louis Billecocq l'aîné.

29° La sentence en papier rendue en la prévoté de Roye le dix-sept janvier mil six cent quatre-vingt-douze contre les sieur et dame Devaux au profit des arbalétriers sur les procédures rapportées au fol. 2 verso, délivré par Me Charles Leboucher, dépositaire, le onze juillet mil sept cent quinze, signée de luy.

30. La signification faite de cette sentence à la dame Devaux en son domicile à Amiens, le cinq novembre mil sept cent quinze, par Debeauvais huissier audit Amiens et controlée audit lieu ledit jour.

31° Une lettre du vingt-neuf octobre mil sept cent treize écrite à la compagnie par celle de Soissons, avec une copie imprimée de deux procès-verbaux et d'une sentence par eux rendue contre un de leurs chevaliers et pour les causes y portées, lesquelles sont au long manuscrites au présent registre fol. 33.

32° Une requête présentée au nom de la compagnie par le chevalier d'Hervilly, prévot, à MM. les Maire et Echevins de Roye le trois juillet mil sept cent quatorze, pour les causes y portées au long écrites audit présent registre fol. 39.

33° Une lettre écrite à la compagnie par celle de Noyon le trente juin mil sept cent quinze, laquelle est transcrite au fol. 42 verso.

34° La réponse faite à cette lettre au nom de la compagnie par le chevalier Cabaille le huit juillet en suivant, transcrite au fol. 46.

35° Une requête présentée au nom de la compagnie par le chevalier Cabaille le cinq juillet mil sept cent quinze à Messieurs les Maires et Echevins de Roye pour les causes y portées, transcrite au présent registre fol. 44 et suivant.

36° Un petit dossier contenant les quittances pour ouvrages à la salle basse du jardin, remis aux archives suivant la délibération du vingt-huit juin mil sept cent quinze.

37° Une copie des statuts de la compagnie de Soissons delivrée le cinq août mil sept cent quatorze par le sieur François, leur syndic, avec sa lettre.

38° Un mandat envoyé à la compagnie par celle de Noyon avec leur lettre du vingt mars mil sept cent quinze pour aller tirer le prix ledit Noyon.

39° Un mandat adressé à la compagnie par les archers d'Hélincourt avec copie de la lettre écrite à ce sujet à MM. de Noyon le onze juillet mil sept cent quinze et à MM. de Montdidier et la réponse de ces Messieurs.

40° Délibération de la compagnie de Noyon envoyée à la nôtre en datte du vingt juillet mil sept cent seize, pour les faits y portés, transcrite au présent registre fol. 54 verso.

41° Lettre de M. Gaudefroy du vingt janvier mil sept cent seize, portant sa démission de la place de capitaine.

42° Signification de Mathieu Boitel du vingt novembre mil sept cent seize portant démission de sa place de chevalier.

43° Contrat et autres parchemins d'une vente faite par Urbain

Jobart à Me François Aubé et Adrien Bellot d'un pré attenant la plate-forme qui est vis-à-vis la porte Laurent, derrière les Minimes qu'il avait acheté depuis peu, suivant qu'il y est dit, des archers de Roye, par lequel il se réserve douze deniers de surcens au lieu de bouquet de fleurs que led. pré devait auxdits archers par chacun an jour de l'Ascension, qui demeure en la charge dud. Jobart, led. contrat daté du dix-sept may mil cinq cent quatre-vingt-trois, signé Laurent et Presto.

44° La saisine en parchemin prise en la prévoté de Roye le douze aout mil cinq cent quatre-vingt-trois, signé Froissent greffier.

45° Quelques procédures faites entre led. Bellot et Gabriel Jobart à l'occasion des poursuites faites par les archers cont led. Bellot, pour raison dudit bouquet, en l'année mil six cent un.

46° Un compte rendu par Louis d'Hervilly en qualité de prévot de la compagnie, pour les années mil sept cent treize et mil sept cent quatorze, des receptes et mises, avec les pièces justificatives d'icelle, arrêté le vingt et un janvier mil sept cent quinze.

47° Un compte rendu par le chevalier Philippe Longuet, en qualité de prévot de la compagnie, pour les années mil sept cent quinze et mil sept cent seize, des receptes et mises, avec les pièces justificatives d'ycelles, arêté le vingt-quatre janvier mil sept cent dix-sept.

48° Une expédition délivrée par Me Antoine Dreux, notaire à Roye, le vingt avril mil sept cent dix-sept, d'un contrat passé par Me Dreux son ayant cause comme notaire, portant vente par Me Florent Gouillart de sa maison située rue des arbalétriers, à la charge entre autres choses de présenter par led. par chacun an, au jour du Saint-Sacrement, à la sortie de l'église de Saint-Florent, au Roy des arbalétriers, une vire emayée et non ateintée, led. contrat en datte du seize janvier mil six cent trente-deux.

49° Un autre dossier de procédures faites au bailliage de Roye entre la compagnie et la dame v⁰ Devaux, contenant dix pièces, la première en datte du trois août mil sept cent dix sept et la dernière du dix juillet mil sept cent dix-neuf.

50. Un dossier formant cinq pièces dont quatre sont des requêtes présentées par M. Cabaille, sous-lieutenant de la compagnie, et pour son intérêt à M. le duc d'Elbœuf, gouverneur de Picardie, à M. . . . . , lieutenant-général, à MM. les Maire et Echevins dud. Roye, avec un arrêt du Conseil pour led. sieur Cabaille, obtenu en conséquence, du vingt et un juin mil sept cent dix-sept.

51. Un dossier contenant cinq pièces dont trois sont des quittances données par le chevalier Morlet père aux Annonciades de Roye, les deux autres sont deux mémoires.

52. Trois significations dont une de sortie faite au prevot de la compagnie par M. de. . . . . , . . . , une autre faite à la requéte du chevalier d'Hervilly et la 3me du sieur Mathieu Boitel.

53. Une liasse contenant dix-sept lettres adressées à la compagnie, parmy lesquelles se trouvent celles du Roy du vingt octobre mil sept cent vingt-deux.

54. Une de M. le comte de La Mothe, du dix novembre suivant, dressée à la compagnie, et portant ordre d'assister au Te Deum du sacre du Roy.

55⁰ Un dossier composé de quatre pièces ; la 1re est le procès-verbal de délivrance du bouquet provincial de Compiègne donné à la compagnie de Roye, la 2me est le mandat du prix provincial de Roye rendu le dix août mil sept cent dix-neuf, la 3me est le procès-verbal de tout ce qui s'est passé à ce prix et la 4me et la lettre de la compagnie de Compiègne.

56⁰ Une lettre d'invitation au prix général de Compiègne en mil sept cent dix-huit, avec un petit livret de toutes les compagnies qui se sont trouvées à ce prix.

57⁰ Trois comptes de la prévoté rendus par le chevalier Boulanger pour les années mil-sept cent vingt, mil sept cent vingt et un, mil sept cent vingt-deux.

Requête des Chevaliers de l'arc aux officiers municipaux de Roye, pour l'obtention du jardin. — Consentement des Officiers municipaux.

A Messieurs les Maires et Echevins de la ville de Roye.

Suplient humblement Philippe Langlet, prévôt de la compagnie des chevaliers de l'arc établie en cette ville, et François Antoine Cabaille, avocat au parlement, l'un desdits chevaliers, député de leur dite compagnie par acte du trentième juin, disant que leur jardin et bâtiments ayant été totalement ruinés par les différents fléaux tant de la guerre que de la peste auxquels cette ville a été successivement exposée dans le cours du dernier siècle, quelqu'un d'entre eux qui avaient échapés à la fureur de l'ennemy et du mal contagieux furent sollicités par Messieurs les anciens Maire et Echevins et les principaux habitants de ladite ville de remettre cette compagnie qui en faisait le seul amusement, sur le même pied qu'elle avait été par le passé, et cela avec d'autant plus de raison que ce louable exercice en même temps qu'il occupait la jeunesse écartait d'elle l'esprit de débauche, entretenait l'union entre les habitants et les formait insensiblement à une espèce de discipline militaire par le bon ordre qui s'y observe, et dont vous avez bien voulu, Messieurs, quelquefois être les témoins. Ce fut dans cette veüe que mesdits sieurs les anciens Maire et Echevins accordèrent tous verbalement auxdits chevaliers le fossé atenant la Porte de Paris et la tour y jointe pour y faire l'exercice de l'arc, parce que ce lieu où cette compagnie avait accoutumée d'y faire ses exercices était retourné au propriétaire par le défaut de la prestation annuelle sous laquelle il l'avait aliéné auxdits chevaliers. Ils ont planté dans ce fossé quantité d'arbres, ils ont commencé à y faire quelques bâtiments, et ils souhaiteraient beaucoup orner et embellir ce lieu qui est la seule promenade des habitants de ladite ville et exciter de l'émulation pour cet exercice entre les officiers et chevaliers de ladite compagnie par quelque prilége, ils s'adressent à vous, Messieurs, avec confiance pour consommer l'exécution des deux objets qu'ils se sont proposés. Les marques de distinction dont vous les avez honorés en plusieurs rencontres, leur exactitude à exécuter les ordres qui leur venaient de votre part pour les différents services ausquels vous les avés employés selon l'occurence des temps et sur tout votre attention particulière au bien public et à l'embellissement de cette ville, semblent devoir assurer notre compagnie que vous seconderez ses bonnes intentions, c'est pour obtenir cette grâce que nous avons l'honneur de vous présenter cette requête.

A ce qu'il vous plaise, Messieurs, donner votre consentement à ce que le fossé où ils font leurs exercices de l'arc, ensemble la tour y joignante, et dont ils jouissent de la concession verbale qui leur en a été faite leur soit abandonnée pour y continuer leurs exercices, consentir pareillement que celui qui abat l'oyseau qui se tire tous les ans dans ladite ville par les officiers et chevaliers de ladite compagnie jouisse de l'exemption de tailles, logement de gens de guerre et ustancilles pendant son année seulement, laquelle exemption ne sera pas autrement à charge de ladite ville non plus que l'abandon du fossé préjudiciable, puisque c'était un lieu désert et non fréquenté avant les dépenses que la compagnie y a faites et qui commencent à le rendre plus agréable, et qu'une partie des officiers et chevaliers qui composent cette même compagnie jouissent déjà de l'autre à cause des charges dont ils sont revêtus, cette double faveur que nous atendons de vous, Messieurs, sera pour nous un nouveau motif de reconnaissance, éternisera vos noms à jamais dans la compagnie et mettra le comble à tous les bienfaits que nous avons reçus de vous en différens temps, dont les précieuses marques sont pour ainsi dire gravées dans nos registres et plus profondément encore dans les cœurs des officiers et chevaliers de notre compagnie.

Soit communiqué au procureur du Roy pour sur ses conclusions estre fait droit ainsi que de raison. Fait audit Roye ce cinq juillet mil sept cent quinze.

Présenté par les supplians le cinquième jour de juillet mil sept cent quinze.

Signé : Cabaille, Butin maire.

Vu la présente requête je consens, sous le bon plaisir du Roy, que le fossé attenant à la porte de Paris de cette ville ensemble la tour y touchant soit abandonnés aux officiers et chevaliers de la compagnie de l'arc pour y continuer leurs exercices ainsi qu'ils ont fait jusqu'à présent, d'y faire tous les embellissements convenables même que l'exemption de logement des gens de guerre, tailles et ustencilles soient accordées à celui d'entre eux qui abatra l'oyseau qui se tire tous les ans pendant son année seulement, de ce pour le bon plaisir du Roy.

Fait et délivré ce cinquième juillet mil sept cent quinze.

Dreux.

Vu la présente requête, notre ordonnance communiquée au Procureur du Roy du cinq courant, ses conclusions du même jour, nous consentons autant qu'à nous touche, sous le bon plaisir du Roy et en considération des bons services que lad. compagnie a rendus en différentes occasions à lad. Ville, que le fossé attenant à la Porte de Paris de cette d. Ville, ensemble la tour y jointe où les officiers et chevaliers de lad. compagnie de l'arcq font leurs exercices soit abandonné pour les y continuer ainsi qu'ils ont fait jusques à présent et d'y faire tous les embellissements convenables, même que l'exemption de logement de gens de guerre, tailles et ustencilles soit accordée à celuy d'entre eux qui abbatra l'oyseau qui se tire tous les ans en cette ville pendant son année seulement. Fait et délivré aud. Roye.

D'Estournelle, Butin, Langlet, Dhéruelle.

Requête à M. le duc d'Elbeuf pour qu'il obtienne du Roi la confirmation du rétablissement de la Compagnie.

A Son Altesse Monseigneur le duc d'Elbœuf, gouverneur de la province de Picardie.

Suplient très-humblement les officiers et chevaliers du jardin de l'arc établi en la ville de Roye disant que les Maire et Echevins dud. Roye pénétrés de l'utilité qu'il y a de procurer à la jeunesse d'une ville quelques amusements, et en considération des services que les anciens officiers et chevaliers de cette compagnie avaient rendus à la patrie dans tous les temps, sollicitèrent ce qui en restait en mil six cent quatre-vingt-trois de la rétablir sur le pied qu'elle avait été par le passé et lui abandonnèrent à cet effet un fossé attenant la Porte de Paris, avec la tour y jointe, pour y faire leurs exercices, ils ont commencé à faire dans ce lieu quelques ouvrages qui en rendent la promenade agréable à tous les habitants, mais comme les suplians souhaiteroient y faire d'autres embellissements, et pour le faire avec sûreté, ils auroient obtenu le consentement par écrit le dix juillet mil sept quinze desdits Maire et Echevins pour la cession à leur profit dud. fossé et de lad. tour, la confirmation leur en auroit été accordée par Monsieur le comte de Solre gouverneur de lad. ville avec pouvoir de faire dans ce fossé les ouvrages qu'il leur conviendroit, en sorte que pour en obtenir l'homologation au Conseil du Roy il ne leur reste plus que d'avoir le consentement de Votre Altesse à laquelle ils s'adressent pour l'obtenir et la suplient très-humblement de vouloir leur accorder l'honneur de sa protection auprès de Sa Majesté pour en obtenir la confirmation de leur rétablissement et de la cession de lad. tour et dudit fossé ensemble les priviléges dont jouissent les compagnies voisines, et les supliants conserveront une respectueuse reconnaissance de la grâce qu'ils espèrent en cette ocasion de Votre Altesse.

Présentée par François-Antoine Cabaille, avocat en parlement, conseiller du Roy et controlleur au grenier à sel dud. Roye, au nom de la compagnie des officiers et chevaliers de l'arc de lad. ville, le sixième may mil sept cent dix sept.

Cabaille.

Nous, gouverneur général de la province de Picardie, agréons autant qu'a nous touche la cession faite par les Maire et Echevins de la ville de Roye à la compagnie des chevaliers de l'arc de lad. Ville du fossé et de la tour dont s'agit : fait à Paris ce sixième may mil sept cent dix-sept.

Le duc d'Elbœuf.

Requête des Chevaliers de l'arc de Roye à M. le comte de Solre, gouverneur de Roye, pour l'obtention de lettres-patentes du Roi, afin de rétablissement du jeu d'arc.

A Monsieur le comte de Solre, Gouverneur par le Roy de la ville de Roye en Picardie.

Suplient humblement les officiers et chevaliers de la compagnie de l'arc établie en la ville de Roye, disant qu'ayant eu le malheur d'avoir eu leur jardin et tous leurs bâtiments totalement ruinés dans les différentes incursions que les ennemys de l'état firent dans la province de Picardie pendant le cours du dernier siècle, et la peste ce funeste fléau ayant enlevé la plupart de ceux qui avaient échapés à la fureur de l'ennemy, en sorte que ce qui restait se trouvait hors d'état de réparer les pertes qu'ils avaient faites, les Maires et Echevins connaissant combien il est important de procurer dans une ville quelques amusements honnêtes à la jeunesse, et en considération des services que cette compagnie avait rendus à la patrie en tous les temps et surtout dans les années mil six cent trente-six et mil six cent cinquante-trois, abandonna verbalement à leur compagnie un fossé attenant la Porte de Paris de cette ville de Roye avec la tour y jointe, ils ont commencé à faire quelques dépenses dans ce lieu qu'ils voudroient voir orner et embellir autant qu'il leur sera possible, et pour ce pouvoir faire avec sûreté ils auroient sollicité Messieurs les Maires et Echevins de donner leur consentement par écrit pour l'abandonnement tant dud. fossé que de ladite tour, ce qu'ils leur avoient bien voulu accorder les cinq et dix juillet dernier, mais pour rendre lad. cession plus valable et la faire omologuer au conseil du Roy, lesd. officiers et chevaliers osent vous en demander la confirmation, et de vouloir les honorer de votre protection auprès de Sa Majesté pour les lettres patentes de rétablissement de leur compagnie et les autres priviléges qu'ils souhaiteroient obtenir, et ils conserveront une très-respectueuse reconnoissance de la grâce qu'ils espèrent que vous voudrez bien leur accorder.

Présenté par François-Antoine Cabaille, l'un des chevaliers de ladite compagnie, député à cet effet, le huitième août mil sept cent quinze.

CABAILLE.

Confirmation par le Roi de l'abandon fait par les Maire et Echevins de Roye à la Compagnie de l'arc du jardin actuel à la porte de Paris.

EXTRAIT DES REGISTRES DU CONSEIL D'ETAT.

Sur la requeste présentée au Roy en son conseil par les capitaine officiers et chevaliers du jardin de l'arc de la ville de Roye en

Picardie, contenant que leur compagnie composée des premiers officiers et des plus considérables bourgeois de lad. ville y est établie depuis plus de trois siècles, et que vers le milieu du dernier tous les titres tant de leur établissement que des droits dont ils auroient coutume de jouir, ayant été perdus et leurs jardin et bâtiment totalement ruinés par les guerres, ils furent sollicitez par les Maire et Echevins et les habitants de lad. ville de rétablir cette compagnie ce qu'ils firent par acte du neuvième juillet mil six cent quatre-vingt-trois, homologué par le bailly dud. Roye sous le bon plaisir du feu Roy, et pour faciliter ce rétablissement lesd. Maire et Echevins et habitants leur abandonnèrent verbalement un fossé attenant la Porte de Paris de lad. Ville avec la tour y jointe et d'autant que ce lieu demande pour la facilité de leurs exercices des réparations et embellissements, ils auroient proposé ausdits Maire et Echevins et officiers de ville, de leur en accorder la cession par écrit et pour exiter l'émulation entre lesd. officiers et chevaliers de l'arc, de consentir que celuy qui abat l'oyseau jouisse de tous les priviléges dont jouissent ceux qui ont la même adresse dans les autres villes où il y a de semblables établissements avec permission de Sa Majesté, lesd. Maire, Echevins et officiers de ville y auroient consenty sous le bon plaisir du feu Roy suivant leur délibération du dixième juillet mil sept cent quinze d'autant plus volontiers que ce fossé et cette tour ne sont d'aucune utilité à lad. ville et cette exemption ne lui sera pas à charge, attendu que la plupart des officiers et chevaliers en jouissent à cause des charges dont ils sont pourvus. Que l'abandonnement dudit fossé et de lad. tour auroit été agrée par led. duc d'Elbœuf, gouverneur général de la Province, et par le sieur comte de Solre, gouverneur particulier de lad. ville, requeroient ces causes qu'il plut à Sa Majesté agréer et confirmer le rétablissement de lad. compagnie, leur donner le fossé avec la tour y jointe et accorder à celuy qui abat l'oyseau qui se tire tous les ans en lad. ville le premier jour de may, lad. exemption pendant son année. Veu lad.

requestre, le consentement dud. sieur duc d'Elbeuf et dud. sieur comte de Solre, la délibération des Maire et Echevins. Ouy le rapport et tout considéré, le Roy étant en son Conseil, de l'avis de Monsieur le duc d'Orléans régent, ayant aucunement égard à lad. requeste conformément aux consentements cy dessus a agréé et confirmé le rétablissement fait de lad. compagnie du jardin de l'arc de ladite ville de Roye, comme aussi la cession dud. fossé et de lad. tour scituez proche une des portes de la ville appelée la Porte de Paris, pour y établir leurs exercices du jeu de l'arc, veut et ordonne Sa Majesté qu'ils en jouissent, pleinement, paisiblement et perpétuellement comme des choses à eux appartenant, leur permet en conséquence de faire les réparations et embellissements convenables et nécessaires à cet effet pour l'exécution du présent arrest contre lettres-patentes seront expédiées si besoin est.

Fait au Conseil d'Etat du Roy, Sa Majesté y étant M. le duc d'Orléans régent présent, tenu à Paris le vingt et unième juin mil sept cent dix-sept.

PHELIPPEAUX.

TABLE DES MATIÈRES.

Notice sur les compagnies d'archers et d'arbalétriers de la ville de Roye. 3
Connétablie d'archers et d'arbalétriers de la ville de Roye. . 7
Établissement et statuts de la Confrérie de saint Sébastien en l'église de Saint-Gilles, faubourg de la ville de Roye . . 12
Compagnie du noble jeu de l'arc. 25
Nombre des officiers et des chevaliers 32
Uniforme 33
Drapeau. 36
Cérémonies auxquelles assiste la Compagnie 39
Choix des officiers de la Compagnie. 49
Faits d'armes de la Compagnie 51
Jardin de l'Arc. 54
Tir à l'Oiseau 57
Prix généraux et prix provinciaux 63
Prix provincial du jardin royal de l'arc de la ville de Roye . 71
Toutes les Compagnies de l'arc du bailliage reconnaissent celle de Roye pour souveraine 82
Pièces justificatives. 85

Amiens.— Imp. LEMER aîné, place Périgord, 3.

www.ingramcontent.com/pod-product-compliance
Lightning Source LLC
Chambersburg PA
CBHW070246100426
42743CB00011B/2156